# CROSS TRAINING

**CIP— BRASIL. CATALOGAÇÃO NA PUBLICAÇÃO**
**SINDICATO NACIONAL DOS EDITORES DE LIVROS, RJ**

C958

Cross Training / organização Alexandre F. Machado. — 1. ed.
— São Paulo : Ícone, 2018.
272 p. : il. ; 23 cm.

Inclui bibliografia e índice

ISBN 978-85-274-1310-7

1. Educação física. 2. Exercícios físicos. I. Machado,
Alexandre F. II. Título.

18-48425                                                    CDD: 613.7
                                                            CDU: 613.71

Leandra Felix da Cruz — Bibliotecária — CRB-7/6135

15/03/2018          19/03/2018

ALEXANDRE F. MACHADO

*Organizador*

# CROSS TRAINING

Ícone
editora

**Capa e Diagramação**

Regina Paula Tiezzi

**Revisão**

Autores

Todos os direitos reservados pela

**ÍCONE EDITORA LTDA.**

Rua Javaés, 589 – Bom Retiro
CEP: 01130-010 – São Paulo/SP
Fone/Fax: (11) 3392-7771
www.iconeeditora.com.br
iconevendas@iconeeditora.com.br

*"Para estar em equilíbrio é preciso estar em movimento."*

*Albert Einstein*

# ORGANIZADOR

## ALEXANDRE F. MACHADO

Graduado em educação física em 1995 pela Universidade Federal Rural do Rio de Janeiro, pós-graduado em fisiologia do exercício em 2001 e Mestrado em ciência da motricidade humana em 2005 pela Universidade Castelo Branco. Atualmente cursa o doutorado em educação física na Universidade São Judas Tadeu e é membro do laboratório de fisiologia translacional da Universidade São Judas Tadeu. É autor de 9 livros, sendo 6 livros sobre treinamento de corrida de rua e 1 livro sobre HIIT, 1 sobre avaliação física e 1 sobre treinamento físico. Ministra palestras sobre treinamento de corrida de rua e HIIT em todo o Brasil. Foi docente do ensino superior de 2002 a 2011 (UNESA e UNIBAN), na cadeira de treinamento esportivo, coordenador do laboratório de pesquisa em fisiologia do exercício de 2005 a 2007 (LAFIEX — UNESA/Petrópolis). Atualmente é Líder da **VO2PRO metodologia** e sócio na **GO assessoria esportiva** em São José dos Campos — SP.

# COLABORADORES

### ALEXANDRE GURGEL

Licenciado e Bacharel em Educação Física pela Universidade Federal do Rio de Janeiro (UFRJ). Especialização em Treinamento de Força e Musculação. Mestre em Ciências da Atividade Física. Palestrante de cursos pelo Brasil e Docente na Pós-graduação da Universidade Castelo Branco (UCB) e UNIGRANRIO. *CrossFit Trainer Level 2, CrossFit Kids* e *CrossFit Judge* (15/16/17/2018). Treinador de Levantamento de Peso Olímpico formado na 1ª turma de Treinadores da Federação do RJ de LPO. Treinador de *Kettlebell*. Sócio proprietário, Coordenador Técnico e Pedagógico da Rede *CrossFit* Recreio. Preparador Físico do Batalhão de Ações com Cães da PMERJ e pioneiro no Brasil na afiliação de uma unidade militar ao *CrossFit* (*CrossFit* BAC).

---

### ANTÔNIO MICHEL ABOARRAGE JUNIOR (NINO)

Graduado em Educação Física (FKB). Especialização em treinamento esportivo (UNIMEP). Mestre em motricidade humana (UCB). Docente do centro universitário do Rio Grande do Norte (UNIRN). *Aquatic Trainer Speciaist* (AEA). Para conhecer mais acesse: www.hidrotreinamento.com.br; www.hidroesporte.com

---

### DANILO SALES BOCALINI

Graduação em Educação Física (2002 — USJT). Especialização em Fisiologia do Exercício pela Escola de Educação Permanente do Hospital das Clínicas da FM-USP (2012), Mestrado (2006), Doutorado (2012) e Pós-doutorado (2015) pelo Departamento de Cardiologia da Universidade Federal de São Paulo — Escola Paulista de Medicina. Atualmente é professor da graduação e do programa de mestrado e doutorado em Educação Física da Federal do Espirito Santo (UFES).  Professor convidado dos cursos: Exercícios aplicados a reabilitação cardíaca e a grupos especiais, Fisiologia e treinamento aplicados a atividades de academias e clubes, Nutrição e exercício aplicado a prevenção e ao tratamento de doenças e *Personal Training:* Metodologia da preparação física personalizada da Universidade Estácio de Sá e da Faculdade Metropolitanas Unidas.

### Fabiano H. R. Soares

Licenciatura Plena em Educação Física (UFRN). Doutorando em Ciências da Saúde (UFRN). Experiência de mais de 20 anos como *Personal Trainer*, Professor de Ginástica e Avaliador do Desempenho Humano. Diretor e responsável técnico da Kinetics Cursos. Professor do Bacharelado e na Licenciatura em Educação Física na UNI-RN e do Departamento de Saúde Coletiva da UFRN. Coordenador dos cursos de Pós-Graduação *Stricto Sensu* em Fisiologia do Exercício. Treinamento Integrado e Práticas Corporais em Academias na UNI-RN.

### Grazziela Favarato

Bacharel em Esporte (USP). Especialista em alto rendimento esportivo pela Solidariedade Olímpica Internacional (SOI) , Comitê Olímpico Brasileiro (COB) e Instituto Olímpico Brasileiro (IOB). Aperfeiçoamento em alto rendimento esportivo pela Universidade Estatal de Cultura Física, Esporte e Turismo da Russia. Especialista em Levantamento de Peso Olímpico pela Takano Athletics (EUA). Treinadora de LPO pela FELP-RS, com títulos nacionais e estaduais. Ministra cursos e aulas de pós-graduação pelo Brasil e América Latina sobre temas relacionados a Preparação física/treinamento funcional e Levantamento de Peso Olímpico desde 2008. Foi coordenadora no Levantamento de Peso Olímpico nos Jogos Rio 2016. Diretora STRONGERBR — assessoria esportiva.

### João Coutinho

Bacharel em Esporte (USP). Publicou livros e artigos científicos sobre o tema. Trabalha desde 2005 com atletas juvenis e profissionais de tênis. Ministra cursos pelo Brasil e América Latina sobre LPO e Pliometria desde 2009. Trabalhou com atletas de voleibol, judô e futebol na parte de treinamento de força e potencia. Prestou consultoria técnica na seleção feminina de *Rugby*, no G. E. Barueri e na Escola Ed. Física do Exército (ESEFEX). *Possui Curso técnico internacional de Levantamento Olímpico (COI) e Pliometria Cubana. Coautor do livro Força e potência no esporte: LPO, Ícone, 2010.* A Em 2007 criou o *site*: TreinamentoEsportivo.com

### Marcio Flávio Ruaro

Graduado em Educação Física (UnC). Especialista em Ciências do Esporte (UEPG). Mestre em Ciências da Educação (UAA). Mestre em Ciências da Saúde (UNOCHAPECÓ). Doutorando em Educação Física (USJT). Foi docente e coordenador dos cursos de Educação Física (licenciatura e bacharelado) do Centro Universitário de União da Vitória — UNIUV. Também atuou como coordenador dos cursos de Educação Física (Licenciatura e Bacharelado) do Instituto Federal do Paraná — IFPR. Atualmente é docente e pesquisador do Curso de Educação Física do Instituto Federal do Paraná — IFPR. Pesquisador do Laboratório de Ciências do Movimento Humano — USJT e Pesquisador do Grupo de Estudo e Pesquisa Aplicada em Metabolismo do Exercício — GEPAME, São Paulo — SP. Palestrante nas áreas de envelhecimento humano, saúde e desempenho físico com ênfase no Treinamento de Força com Restrição de Fluxo Sanguíneo (Oclusão vascular).

# SUMÁRIO

# Apresentação

As academias de ginástica tiveram seu primeiro boom na década de 1980 com a ginástica aeróbica, em sequencia o boom com a musculação e na década de 1990 o *Spinning* e mais recentemente o treinamento com equipamentos não convencionais, conhecido como *Cross training*. Que podemos caracterizar como o uso de equipamentos ou modalidades que não são novas no treinamento esportivo, mas, estão sendo reintroduzidos no cenário da prática esportiva nas academias, clubes e estúdios como: corda naval, *kettlebell*, levantamento de peso, calistenia, treino em suspensão e a pliometria.

Resumindo o *Cross training* propõe o desenvolvimento do condicionamento de forma plena por meio de partes independentes, que vamos considerar aqui como as ferramentas de treino (corda naval, *kettlebell*, levantamento de peso, calistenia, treino em suspensão, pliometria entre outras).

O mais difícil de trabalhar com o *Cross training* não esta na prescrição ou execução, mas sim no por que inserir ou retirar aquele exercício, manipular aquela carga de treino naquele momento especifico do treinamento, pois, exige do treinador a velha prática realizada de forma eficiente e executada de forma intencional, fazendo do treinador o próprio aluno.

Com isso o objetivo da presente obra é possibilitar aos profissionais que atuam nesse universo um conteúdo com uma abordagem pragmática para a busca de um resultado seguro e eficiente na prescrição do treinamento para seus alunos/atletas.

Cada vez mais se faz necessário um profissional com experiência prática e um vasto conhecimento científico dos métodos de treinamento, só assim iremos diminuir o grande abismo entre o que se pesquisa o que se faz e o que traz resultado.

*Alexandre F. Machado*

# PREFÁCIO

Segundo o Merriam-Webster, *Cross Training* é um verbo intransitivo, que significa se envolver em vários esportes ou exercícios, visando especialmente aprimorar a saúde e o desenvolvimento muscular. Embora esteja claro o significado do vocábulo em inglês, não faz jus ao verdadeiro conteúdo deste livro.

Ao logo de seus capítulos somos levados a estudar: Flexibilidade, Estabilidade, Mobilidade e Liberação Miofascial; Treinamento com Peso Corporal; Treinamento em Suspensão; *Kettlebell*; Pliometria; Oclusão Vascular; Levantamento de Peso; Hidrotreinamento e, concluindo, os Princípios do Treinamento.

Como se pode ver uma completa e extensiva visão do conjunto de opções que caracterizam o *Cross Training* no atual mundo do *Fitness*.

O compêndio foi organizado pelo Prof. Alexandre Machado, que tive a honra de acompanhar em diversos momentos de sua vida acadêmica, a começar pelo seu curso de graduação. Alexandre sempre se destacou pela sua inteligência viva, pelo seu grande interesse pela profissão e pela permanente busca do novo.

Graças a estas características reuniu um grupo de coautores do mais alto quilate, cada um deles um conhecedor especialista do tema que desenvolve. Seria enfadonho e despropositado apresentar cada um ressaltando suas qualidade e realizações, mas creio que fazendo isso na figura do Prof. Antonio Aboarrage, que profissionalmente está mais próximo a mim, possibilitará aos leitores terem uma noção do que representa ata coletividade.

O Prof. Nino é um daqueles profissionais que alia, com invulgar competência: a capacidade de realizar as atividades práticas de forma motivadora, alegre, variada e com excelente resultado; a uma profundidade acadêmica e científica compatível com as melhores instituições científicas.

Transitar da teoria para a prática e da prática para a teoria parece ser, portanto, uma caraterística dos autores deste livro e em especial de seu organizador. Isso permite que a presente publicação consiga aliar a consistência científica de pesquisas de boa qualidade à vivência prática de quem lida com estes conhecimentos no dia a dia de sua atividade labora.

A abrangência da obra, certamente torná-la-á útil a iniciantes e a iniciados, os primeiros procurando orientação para seus primeiros passos no *Cross Training*, enquanto que os profissionais mais experientes encontrarão aqui um guia seguro par corroborarem suas práticas e apara o seu aperfeiçoamento.

Ao Alexandre Machado e aos seus coautores deixo aqui o meu mais profundo agradecimento pela contribuição que estão fazendo para a Educação Física.

Em tempos de consultores pelo *WhattsApp*, de opiniões profissionais desprovidas de qualquer consistência teórica; de "tratados" sobre exercício físico no *INSTAGRAN*, ver um conjunto de profissionais como este, coordenados e reunidos por um profissional do nível do Alexandre e contando com o apoio editorial da Ícone, nos faz ter esperança de que a qualidade ainda não foi soterrada pela mediocridade.

E que associação entre o conhecimento teórico de boa qualidade, de uma Educação Física baseada em evidências, com a aplicação prática competente, pode garantir a qualidade da intervenção profissional responsável.

Como sempre digo: — "Teoria sem prática é demagogia. Prática sem teoria é loteria".

### Estélio H. M. Dantas, Ph.D.
CREF 0001 — G/RJ — CREF 2706 — G/SE
Professor permanente do Programa de Pós-graduação *Stricto sensu* em Enfermagem e Biociência — Doutorado (PPgEnfBio) da Universidade Federal do Estado do Rio de Janeiro (UNIRIO) e do Programa de Saúde e Ambiente (PSA) da Universidade Tiradentes (UNIT) — Aracaju.

# Flexibilidade, Estabilidade, Mobilidade e Liberação Miofascial

*Alexandre Gurgel*

Nesse capítulo vamos falar sobre a *Flexibilidade, Estabilidade, Mobilidade e Liberação Miofascial* e entenderemos a importância e aplicabilidade desses conceitos para os exercícios físicos, incluindo o *Cross Training*.

Anualmente, o *American College of Sports Medicine* (ACSM) publica quais serão as tendências do ramo *fitness* para o respectivo ano. A flexibilidade e a liberação miofascial (com rolos de mobilidade) apareceram em 2017 em 20° lugar no *ranking* dessas tendências, dando um salto para 15° em 2018. Isso mostra que esse tipo de trabalho vem sendo cada vez mais difundido e reconhecido, sendo muito utilizado e se tornando uma tendência cada vez mais forte para o treinamento.

Mas você sabe como funciona essa classificação ou como aparecem (ou desaparecem) os itens da referida lista? Nos últimos 12 anos, os editores da *Health & Fitness Journal®* do ACSM distribuíram uma pesquisa eletrônica para milhares de profissionais ao redor do mundo para determinar quais seriam as tendências de saúde e *fitness*. A ACSM

*Worldwide Survey of Fitness Trends* foi criada para confirmar ou introduzir novas tendências que possuirão um impacto positivo no ramo, de acordo com os entrevistados de todo o mundo. A pesquisa online foi enviada para 114.455 profissionais da área, sendo respondida por 4.133. As respostas foram recebidas de quase todos os continentes, em um total de 43 países.

Os entrevistados são orientados a diferenciarem um possível "modismo" de uma real "tendência". Resumidamente, podemos dizer que uma tendência é aquilo que leva alguém a seguir um determinado caminho ou a agir de certa forma; uma predisposição, propensão. Seria uma mudança na forma como as pessoas estão se comportando. Já o "modismo" é algo que é retomado com grande entusiasmo, porém por um breve período. Os modismos aparecem na lista, mas saem dela nos anos subsequentes, muitas vezes em menos de um ano. A flexibilidade e a liberação miofascial deixaram de ser moda. São tendências já consolidadas, que reafirmam uma posição de destaque maior a cada ano. Vamos mergulhar nesse mundo a partir de agora.

### ENTENDENDO OS CONCEITOS

A principal dificuldade encontrada por muitos profissionais e estudantes de Educação Física e áreas afins (incluindo a própria sociedade) é estabelecer a distinção entre os conceitos desse tema. Flexibilidade, alongamento e mobilidade são sinônimos? A resposta é não. Apesar de estarem bem próximos, existem diferenciações entre cada um. Pretendemos assim, contribuir para um melhor esclarecimento dessas técnicas, visando a correta utilização de cada uma no público e no momento adequado. Vamos buscar auxílio da literatura para as definições.

### FLEXIBILIDADE

Para Alter (1999), a flexibilidade é um termo que vem do latim *flectere* (dobra-se) ou *flexibilis* (dobradiço), ou seja, aquilo que é maleável e flexível. Segundo Araújo (2005), a flexibilidade consiste na medida da amplitude de movimento das partes do corpo sobre suas articulações, sem que haja esforço excessivo nos componentes dessas articulações, tendões e ligamentos. Dantas (2005) tem uma definição semelhante à anterior. O autor conceitua como a qualidade física responsável pela execução voluntária de um movimento de amplitude angular máxima, por uma articulação ou conjunto de articulações, dentro dos limites morfológicos, sem risco de provocar lesões. Já para Monteiro (2000), flexibilidade é uma capacidade física relacionada ao esporte e a saúde. Refere-se a Amplitude de Movimento (ADM) que determinada articulação pode realizar.

### ALONGAMENTO

Dentre algumas definições encontradas na literatura, Dantas (2005) afirma que o alongamento é um tipo de atividade que tem como objetivo manter os níveis de flexibilidade para realização de movimentos com amplitudes normais, com o mínimo de restrições possíveis. Para Fernandes *et al.* (2002), alongamento é uma tensão aplicada aos tecidos moles, o que provoca sua extensibilidade, sendo executado como forma de aumentar a mobilidade articular e diminuir a incidência de contraturas.

### MOBILIDADE

Cada vez mais se fala sobre mobilidade. Hoje, se diz de maneira mais comum que vamos fazer um trabalho de mobilidade em vez de trabalhar a flexibilidade. O que seria a mobilidade que está sendo trabalhada e prescrita? É possível trabalhar a mobilidade sem trabalhar a flexibilidade? Mas, o que provocaria melhora na flexibilidade não seria o alongamento? Continuemos com nossa busca na literatura para que cada um de vocês possa formar, com mais embasamento científico, suas próprias conclusões acerca desses conceitos tão intrínsecos.

Quando falamos de mobilidade, então, devemos nos ater ao objetivo de trabalhar a Mobilidade Articular, ou seja, trabalhar na articulação (conexão natural entre 2 ou mais ossos). Segundo Prentice (2003), a mobilidade de uma articulação depende diretamente das estruturas que a compõem e circundam, como ossos, cápsula articular, tendões, ligamentos, músculos, gordura e pele. Existem fatores limitantes, de natureza mecânica, categorizados como: influenciáveis, como a capacidade de distensão da pele, ligamentos, tendões e cápsula articular; e não influenciáveis representados pela estrutura articular (podendo ser de nascença) e pela massa muscular existente. Podemos ainda acrescentar, de acordo com Fox (1991), o percentual de resistência que os tecidos moles oferecem para a articulação. Em ordem decrescente está: a cápsula articular (47%), os músculos (41%), os tendões (10%) e a pele (2%).

Ainda sobre a mobilidade articular, há também outro conceito, ainda pouco explorado: a Cinemática. Dentro da cinemática, temos a Osteocinemática e a Artrocinemática. Alguns autores discorrem sobre esse conceito.

Segundo Kaltenborn (2001), os movimentos osteocinemáticos são os movimentos fisiológicos ou clássicos da diáfise óssea. Esses movimentos podem ser realizados voluntariamente de acordo com os planos e eixos do corpo. Os eixos unem as partes que os planos separam.

> **Plano Sagital/Eixo Frontal:** Divide o corpo em lado direito e lado esquerdo. Os movimentos realizados neste plano são os de flexão e extensão.

> **Plano Frontal/Eixo Sagital:** Divide o corpo em parte anterior e parte posterior. Os movimentos realizados neste plano são os de abdução e adução.

> **Plano Transversal/Eixo Longitudinal:** Divide o corpo em parte superior e parte inferior. Os movimentos que ocorrem neste plano são as rotações interna e externa.

Já os movimentos artrocinemáticos são os movimentos que ocorrem no interior da articulação, que descrevem a dispensabilidade na cápsula articular permitindo que os movimentos fisiológicos ocorram ao longo da amplitude de movimento, sem lesar as estruturas articulares. Esses movimentos não podem ser realizados ativamente pelo indivíduo, sendo normalmente utilizados para restaurar a biomecânica articular normal, diminuindo a dor, alongando ou liberando, com menos trauma, determinadas estruturas.

Dentre os movimentos artrocinemáticos temos: giro, rolamento, tração, compressão e deslizamento.

**Giro**: Durante o giro, um osso gira sobre o outro.

**Rolamento**: Durante o rolamento um osso rola sobre o outro.

**Tração**: Durante o movimento de tração as superfícies articulares afastam-se umas das outras.

**Compressão**: Durante a compressão uma superfície articular se aproxima de outra.

**Deslizamento**: Durante o deslizamento um osso desliza sobre o outro.

## IMPORTÂNCIA DOS CONCEITOS

O fato de a flexibilidade ser uma capacidade física que pode ser desenvolvida a partir da prática regular e sistemática de alongamentos acaba provocando certa confusão na hora de diferenciar os termos. Agora que pudemos observar que, mesmo intimamente ligados, a flexibilidade, o alongamento e a própria mobilidade articular apresentam grandes diferenças, principalmente quanto a sua definição, discutiremos um pouco mais sobre sua importância nas atividades físicas, na saúde e no esporte.

A flexibilidade, segundo Dantas (2005), é um fator determinante para o aperfeiçoamento motor e desenvolvimento de uma melhor consciência corporal. Além disso, possui papel relevante na prevenção de lesões, visto que a maioria das lesões musculoesqueléticas acontecem quando se ultrapassa as amplitudes normais da articulação, sendo ela determinante para aumentar a mobilidade articular e diminuir o risco dessas lesões.

Para que se alcancem todos os benefícios da flexibilidade, precisamos nos alongar, sendo essa a principal maneira de se treinar essa capacidade física. As vantagens do alongamento, então, são bem semelhantes às da flexibilidade. Entre elas estão a prevenção de problemas tendinosos, das lesões musculares, de problemas articulares, o bem-estar físico, o desenvolvimento da consciência corporal, entre outros.

Na literatura existem divergências entre alguns autores quanto aos tipos ou técnicas de alongamento. Exercícios de alongamento podem ser realizados de forma ativa (atividade muscular do próprio indivíduo envolvido na ação, sem ajuda externa) ou de forma passiva (não ocorre contribuição ou contração ativa do indivíduo submetido à ação, ou seja, o alongamento é totalmente promovido por forças externas, através do auxílio de um parceiro ou de um equipamento mecânico).

Alguns tipos de alongamento são encontrados com mais frequência na literatura. Contursi (1986) descreve alguns dos que mais se repetem. Temos, como dito acima, o alongamento estático ou passivo, que consiste em realizar o alongamento de uma determinada musculatura até a sua extensão máxima, e ao chegar neste ponto, permanecemos por um período. O alongamento dinâmico, ativo ou balístico, que corresponde à habilidade de se utilizar a Amplitude de Movimento (ADM), na *performance* de uma atividade física em velocidades rápidas, do tipo balanços (sacudidas). É utilizada uma sequência de esforços musculares, insistentemente, na tentativa de alcançar uma maior ADM.

Existe ainda o alongamento por Facilitação Neuromuscular Proprioceptiva (FNP), que utiliza a inibição recíproca entre o fuso muscular e o Órgão Tendinoso de Golgi (OTG) de um músculo entre si e com os do músculo antagonista, para obter maiores amplitudes. Para Knott & Voss (1968) *apud* Monteiro e Farinatti (2000), este alongamento consiste basicamente em um processo sequencial, iniciado por um alongamento passivo estático, seguido de uma contração isométrica do músculo que é mantido alongado, e imediatamente após, aplica-se outro alongamento assistido de maior amplitude que o primeiro. Para atingir o alongamento de um músculo de maneira mais eficiente, a temperatura intramuscular deve elevar-se antes que ele seja realizado. A ideia é que, ao apresentar um maior aporte sanguíneo e consequente aquecimento, o músculo irá se alongar mais, terá maior resistência a lesões e sua capacidade contrátil será aumentada.

## Abordagem Articulação por Articulação (joint by joint) de Gray Cook e Michael Boyle

Outro tópico bem interessante e bastante discutido nos últimos cinco anos foram os achados e ideias de Gray Cook e Michael Boyle no que diz respeito a mobilidade e estabilidade. A chamada "Abordagem do Treinamento Articulação por Articulação", que é uma tradução para *A Joint by Joint Approach to Training* é considerada por muitos uma importante evolução na maneira de observar o movimento e, consequentemente, aprimorar o treinamento.

A proposta é aparentemente simples, porém não menos interessante. O corpo é descrito como uma sequência de articulações, tendo cada uma delas uma função predominante de mobilidade ou de estabilidade. Nos chama atenção a forma alternada de necessidade dos segmentos para a mobilidade e estabilidade. Cada articulação possui necessidades específicas no treinamento e, também, sofre com disfunções previsíveis.

"Ah, mas essa visão é muito simplista e não há pesquisa suficiente na área que a embase." Concordo, porém parcialmente. É verdade que não devemos aplicar nenhum conceito como verdade absoluta, muito menos os que ainda não possuem tantas pesquisas publicadas. Procuramos sempre uma "receita mágica" para utilizar em qualquer aluno/cliente e para qualquer problema apresentado, mas essa receita não existe. Em vez disso, abramos nossa mente ao novo e ponderemos sobre as possibilidades dentro de cada conceito apresentado. É possível ser aplicado e interpretado de tal forma? Muitos casos ou disfunções poderão ser mais bem tratados ou treinados seguindo essa linha de raciocínio? A resposta é individual, mas só a desenvolva após ler mais atentamente ao que vamos apresentar abaixo.

Um resumo da teoria proposta pelo autor seria:

- O pé tem uma tendência à mobilidade (frouxidão) e, portanto, poderia se beneficiar de maiores quantidades de estabilidade e controle motor. Podemos culpar calçados ruins e fraqueza nos pés, mas o ponto é que a maioria de nós poderíamos ter pés mais estáveis.

- O tornozelo tem uma tendência à rigidez e, portanto, poderia se beneficiar de maiores quantidades de mobilidade e flexibilidade. Tendência essa vista com mais clareza por ser comumente encontrada uma certa limitação na dorsiflexão.

- O joelho tem uma tendência à mobilidade e, portanto, poderia se beneficiar de maiores quantidades de estabilidade e controle motor. Essa tendência geralmente precede lesões nos joelhos e degenerações que, na realidade, fariam com que eles se tornassem mais rígidos.

- O quadril tem uma tendência à rigidez e, portanto, poderia se beneficiar de maiores quantidades de mobilidade e flexibilidade. Isto é particularmente evidente em testes de amplitude de movimento para extensão e rotação medial e lateral.

- A região sacral e lombar tem uma tendência à frouxidão e, portanto, poderia se beneficiar de maiores quantidades de estabilidade e controle motor. Essa região está situada em um encontro de *stress* mecânico e a falta de controle motor é frequentemente substituída por rigidez generalizada, como estratégia de sobrevivência.

- A região torácica tem uma tendência à rigidez e, portanto, poderia se beneficiar de maiores quantidades de mobilidade e flexibilidade. A construção dessa região é realizada para prover suporte, todavia maus hábitos posturais podem promover rigidez.

- A articulação escapulotorácica é considerada uma articulação "falsa", pois não há contato entre superfícies revestidas por cartilagem. A escápula deve ser estável para suportar as forças dos braços, sendo necessário um controle para adequar o ritmo escapular aos movimentos dos membros superiores.

- A articulação do ombro tem uma tendência à rigidez e, portanto, poderia se beneficiar de maiores quantidades de mobilidade e flexibilidade. O movimento na glenoumeral deve estar regulado com o ritmo escapular. Precisamos ter cuidado com o excesso de mobilidade, pois é uma articulação fácil de luxar, mas devemos checar se a articulação fornece adequadamente a amplitude esperada.

- A parte inferior e média da coluna cervical tem uma tendência à mobilidade e, portanto, poderia se beneficiar de maiores quantidades de estabilidade e controle motor.

- A região cervical superior tem uma tendência à rigidez e, portanto, poderia se beneficiar de maiores quantidades de mobilidade e flexibilidade.

Observe como Mobilidade e Estabilidade (rigidez e frouxidão) se alternam. Como falamos acima, nem tudo funciona como uma receita. Traumas e problemas estruturais podem acontecer e quebrar este ciclo. Ainda assim, este resumo mostra com propriedade muitos problemas comuns de padrões de movimentos. Também representa, como utilizado na avaliação ortopédica, a importância de sempre avaliar as articulações acima e abaixo da área com problema.

A fim de achar uma lógica e melhor entendimento ao exposto, reflitamos. Uma disfunção do quadril (articulação inserida entre a lombar e o joelho) afetaria a articulação acima ou abaixo, ou seja, uma perda da mobilidade no quadril poderia produzir uma compensação por parte da coluna lombar, afinal precisamos continuar nos movendo. Se o quadril, então, não fizer o seu serviço, quem o fará será a lombar. O problema é que a coluna lombar é uma estrutura que deveria fornecer estabilidade e não mobilidade ao sistema (é claro que a lombar tem alguma liberdade de movimento, mas não é esta sua função principal, de acordo com essa teoria). Sendo assim, quando a articulação supostamente móvel perde sua mobilidade, a articulação estável é forçada a se tornar mais móvel como compensação, tornando-se menos estável e subsequentemente dolorosa.

A consequência prática de incorporar essa teoria ao treinamento é o fornecimento de estímulos ao sistema articular para que normalizem suas funções, incorporando ao menos um exercício (ou mais de um, dependendo da necessidade) que melhore a função de cada uma das articulações envolvidas.

Percebam que o tempo todo falamos em mobilidade ou estabilidade para mostrar que um segmento do corpo deveria estar se movendo melhor ou que ele deveria ter mais controle. Se antes de executar um exercício mais complexo ou de provocar um aumento de carga para o aluno, for observado de que forma esse aluno está se movendo e apenas "trabalhar" com as articulações acima e abaixo do movimento principal que será treinado, as chances de você ter um treino mais limpo, seguro e eficiente será aumentada exponencialmente.

Chegando ao fim desse tópico, vamos mais uma vez tentar trazer para aplicabilidade prática o conceito e tentar observar se estamos trabalhando, realmente, o que acreditamos estar trabalhando. Para isso vamos para mais um exemplo: Pensemos no exercício denominado "prancha" em que, geralmente, o objetivo é trabalhar a estabilização do core, fortalecer a região abdominal e da coluna lombar. É inegável que desenvolvemos força e estabilidade com esse tipo de exercício. Mas a questão principal a ser pensada é se, no dia a dia, a articulação acima e abaixo do que pensamos em trabalhar está funcionando corretamente, isto é, se meu quadril e minha coluna torácica estão se movendo (apresentam mobilidade) adequadamente. Se a resposta for negativa, aquele nosso trabalho com a prancha não está sendo realmente eficiente. A estabilidade criada para a coluna lombar não foi real, já que as articulações adjacentes não estão com sua funcionalidade correta. Dessa forma, a região lombar estará sempre comprometida.

### *Discussões e aplicações ao* CROSS TRAINING

Como falamos desde o início do capítulo, os termos mobilidade, flexibilidade, alongamento e estabilidade, andam lado a lado. Uma pessoa que não tem mobilidade suficiente, não desenvolveu bem a flexibilidade e, consequentemente pode não vir a não desenvolver o máximo de força que seria capaz ou qualquer outra vertente do treinamento.

A questão é que, se a mobilidade e a flexibilidade não forem trabalhadas da forma adequada, antes de começar uma sessão de treino, o aluno pode não alcançar sua melhor *performance* ou desempenho no treino. Podemos dizer que, além disso, o indivíduo estará sujeito a sobrecarregar estruturas que não estavam prontas para o trabalho e assim estará predisposto a lesões.

Podemos trabalhar a mobilidade articular com movimentos de circunduções, flexões e extensões leves até propiciar uma sensação de fadiga nas musculaturas adjacentes a articulação envolvida, assim como uma sensação de calor no local. O objetivo é fazer com que as articulações que serão envolvidas no treino do dia (*Workout of The Day* ou WOD), ou em qualquer outro trabalho, sejam amplamente movimentadas, proporcionando uma pré-ativação de todo complexo que estará envolvido no treino. Os movimentos além de simples deverão ser realizados sem sobrecargas ou tensões extras, com a finalidade de aumentar a viscosidade articular e a demanda de nutrientes com o aumento do aporte sanguíneo.

Quanto à flexibilidade, por ser uma capacidade física treinável, podemos focar em métodos e formas de alongamentos que melhorarão o trabalho do dia. Precisamos sempre pensar na especificidade da sessão de treino para que todo o processo inicial de aquecimento, mobilidade e flexibilidade seja realmente efetivo e cumpra seu objetivo. Escolha entre um dos diferentes métodos que existem e aplique o que melhor se encaixar ao seu objetivo.

A maioria dos alunos quando questionados sobre os objetivos principais que os levaram a um centro de treinamento, *box* ou afins, quase nunca possuem como meta a melhora da mobilidade ou o aumento da flexibilidade. Mas aí está o ponto a ser trabalhado. É preciso desenvolver a consciência de que ser mais flexível e móvel é importante, testando sua mobilidade atual, mostrando qual grau de rigidez ainda possuem e que o aumento da liberdade dos movimentos proporcionaria um treino melhor e, consequentemente, seus objetivos seriam alcançados mais rapidamente e de maneira mais saudável.

É necessário, portanto, recuperar a mobilidade articular antes de procurar desenvolver outras capacidades físicas, assim como, dar a atenção necessária ao desenvolvimento da flexibilidade. É comum ouvirmos: "Mas não temos tempo para isso!" ou "Os alunos não entendem essa importância". Essas frases não podem ser usadas como desculpa, já que negligenciar uma das dez capacidades físicas prometidas pelo método *Cross Training* é o mesmo que formar um atleta forte, mas sempre com um elo fraco, pronto para ser rompido.

Alunos com individualidades diversas chegam diariamente aos locais de treino e é de suma importância perceber onde estão suas limitações, saber identificá-las e ainda preocupar-se em encontrar uma solução para o problema. Seguindo esses passos, o caminho para um aluno ter sucesso em seu treinamento estará mais próximo de ser atingido.

Alguns precisarão de um trabalho a mais, fora da sessão de treino para que possam evoluir. Outros conseguirão com o trabalho de liberação miofascial ou a própria autoliberação (será abordado no próximo tópico) alcançar êxito.

### EXEMPLOS PRÁTICOS

Alguns alunos mostram dificuldade em apoiar a barra sobre os ombros (*rack* frontal) quando vão fazer um *front squat (agachamento pela frente)* ou um *thruster* (agachamento pela frente seguido de um desenvolvimento de ombros) alegando pouca mobilidade nos ombros ou punhos. Utilizando todo o conteúdo visto até aqui, podemos pensar que, em vez de agir somente sobre os locais aparentemente primários para a falta de mobilidade e flexibilidade, as articulações adjacentes e músculos secundários poderiam estar agindo de forma negativa para a perfeita execução de um movimento complexo. Dessa forma, ao invés de trabalhar apenas ombros e punhos, poderíamos trabalhar a musculatura dorsal (responsável também por puxar o braço para baixo) e a mobilidade torácica (que pode estar mais rígida por maus hábitos de postura ou outras questões).

Outro problema comum nos centros de treinamento que se utilizam muitas vezes de movimentos do levantamento de peso olímpico é na execução do agachamento de arranco (*over head squat*). Os alunos não conseguem executar da maneira correta o movimento por perderem a barra pela frente. Podemos pensar apenas em fraqueza dos músculos dos ombros, mas muitas vezes é, novamente, pela falta de mobilidade da coluna torácica ou pela falta de mobilidade da cintura escapular como um todo. Além disso, encontramos muitas vezes o problema na falta de mobilidade do tornozelo, o que propicia um agachamento inadequado jogando o peso para a porção mais frontal dos pés, ocasionando flexão excessiva do tronco e perda do conjunto da barra que está sobre a cabeça.

Portanto, se torna imprescindível que o aluno ou atleta tenha uma base adequada de mobilidade, flexibilidade e estabilidade, além de técnica, para trabalhar movimentos mais complexos como o levantamento de peso olímpico.

O principal diferencial do *Cross Training* é o LPO, sendo por isso ainda mais importante o trabalho e treino em cima das questões abordadas aqui.

O LPO é que deve se adequar ao levantador e não o contrário. A flexibilidade ou mobilidade necessária nos quadris e nos ombros, em muitos casos, é anatômica (de nascença). Não importa o quanto o indivíduo tente alongar, alguns nunca terão o encaixe anatômico do quadril e ombro necessários para realizar um agachamento profundo e levantar uma barra sobre a cabeça de maneira perfeita. Para isso, deverão ser criadas adaptações dando mais importância à questão da mobilidade e flexibilidade.

### ENTENDENDO DE ESTABILIDADE E ESTABILIDADE DINÂMICA

Para entendermos mais sobre esse tópico, precisaremos nos aprofundar e relembrar a biomecânica e a anatomia. A cinemática explicada e conceituada no início deste capítulo também terá sua importância. No estudo da anatomia, os conceitos da estabilidade e mobilidade, aparentemente, se chocam.

Como falamos anteriormente, existem articulações mais estáveis que outras e que permitem uma amplitude maior de movimento. Vamos usar a articulação do quadril como exemplo. Ela é do tipo esferoide, onde a cabeça do fêmur se encontra encaixada dentro da fossa acetabular, envolto ainda por uma cápsula articular fibrosa. Apenas esta conformação já seria suficiente para garantir a grande estabilidade que o quadril apresenta, mas ainda temos os ligamentos (regiões em que a cápsula articular se espessa) e os músculos. Apesar dos movimentos que o quadril apresenta (flexão/extensão, abdução/adução e rotação medial/lateral) a amplitude de movimento não se compara ao complexo articular que o ombro permite.

Se a conformação anatômica da articulação glenoumeral fosse semelhante ao quadril, teríamos choque ósseo, com limitação de movimento. Se a cápsula articular fosse tensa e rígida, com ligamentos espessos, os movimentos seriam restritos ao se chegar no limite elástico destes tecidos. Deste modo, já podemos começar a entender as dificuldades encontradas pelo complexo articular do ombro: como garantir mobilidade e estabilidade ao mesmo tempo? Seria possível? A resposta para esta questão é perfeita: temos articulações funcionais e anatômicas, estabilizadas por estruturas dinâmicas.

O ombro é formado por cinco articulações: glenoumeral, acromioclavicular e esternoclavicular (articulações anatômicas); escapulotorácica e subacromial (funcionais). As características que são diferenciais para essas articulações são: a glenoumeral ser plana e a escapulotorácica possibilitar o deslize e a inclinação da escápula sobre o gradil costal, sendo os grandes responsáveis por permitirem que sejam executados movimentos amplos e em conjunto, chamados de circundução do membro superior. Também, tais movimentos articulares só são possíveis por existir apenas um ponto onde todo o membro superior está conectado ao esqueleto axial: a articulação esternoclavicular. É neste ponto que entram os estabilizadores dinâmicos do complexo articular do ombro.

O músculo serrátil anterior é o grande responsável por manter a escápula, em seu lugar correto, em contato com o gradil costal, além de auxiliar na sua rotação. Com origem nos arcos costais, insere-se na borda medial da escápula, garantindo sua estabilidade. Qualquer disfunção de ativação ou fraqueza deste músculo pode levar aos graus variados de escápulas aladas, muito comum em crianças ou pacientes com dores crônicas, e a alteração da estabilidade e do posicionamento pode predispor a um impacto articular glenoumeral e limitação de movimento.

Os músculos subescapular, supra e infraespinhal e redondo menor, além de terem suas funções específicas na movimentação do ombro, emergem a partir da escápula e se inserem na cabeça do úmero, formando o manguito rotador na articulação do ombro. Sua função é manter segura a cabeça do úmero que apenas repousa sobre a rasa fossa glenoide da escápula. Ao observarmos a conformação da inserção destes músculos, veremos que, atuando em conjunto, eles realizam a tração necessária em qualquer direção para manter sempre a articulação glenoumeral estável, numa sincronia perfeita de ativação seletiva, possibilitando que os demais músculos possam gerar sua força máxima sem risco de deslocamento articular. Por exemplo: durante abdução do braço, o manguito rotador comprime a cabeça umeral sobre a glenoide de modo que o músculo deltoide possa elevar o braço. Neste movimento, o músculo supraespinhal atua em parte da amplitude de movimento (graus iniciais) como agonista do movimento e também como estabilizador. Sem o manguito rotador, a cabeça do úmero iria perder seu contato com a glenoide, diminuindo a eficiência dos músculos. A lista de esportes em que o manguito rotador tem trabalho duro é extensa e o levantamento de peso olímpico está entre eles.

Compreendida a importância dos estabilizadores dinâmicos do ombro e o seu trabalho refinado, não é difícil imaginar que se algum destes componentes falhar no tempo de ativação, todo o complexo poderá ser exposto a sobrecarga ou lesão. Qualquer processo doloroso altera a capacidade de ativação muscular e a capacidade de geração de força, bem como presença de edema articular ou inflamação corrente. Mais uma vez percebemos a importância de um trabalho prévio a sessão principal do treino.

### LIBERAÇÃO MIOFASCIAL

A **liberação miofascial** é uma técnica muito utilizada por fisioterapeutas, que vem ganhando espaço em áreas afins pela aplicabilidade prática no treinamento. Ela atua mobilizando, manualmente ou não, a fáscia com o objetivo de *aliviar a dor*, *restaurar função e mobilidade* e *corrigir sequelas de traumas físicos e emocionais*. Permite *ajustar o alinhamento muscular, restaurar livre e desimpedidamente o movimento de todos os tecidos moles e reestabelecendo sua textura, resistência e função.* Além disso, visa quebrar o tecido cicatricial e as aderências que causam dor, rigidez, fraqueza, dormência e disfunções físicas associadas a lesões.

Somado a todos esses benefícios, existem alguns outros motivos que caíram no gosto de desportistas, alunos de musculação e praticantes do *Cross Training*. São eles: a melhora na mobilidade e amplitude de movimento, redução do tecido cicatricial e adesões, diminuição do tônus dos músculos hiperativos e melhora na qualidade do movimento. A liberação miofascial age através de um processo chamado **histerese**, que é a propriedade pela qual o trabalho de *deformar um material* causa calor e, portanto, perda de energia, conseguindo proporcionar o movimento do tecido, *barreira por barreira*, até que ocorra a liberação da fáscia.

A técnica provoca mudanças na viscosidade da fáscia que gera um melhor deslizamento dos tecidos *eliminando a pressão excessiva em áreas dolorosas e restaurando o alinhamento*. Ela atua sobre as **células do fuso muscular**, que respondem com uma contração reflexa aos alongamentos rápidos, e sobre os **órgãos tendinosos de Golgi**, que são responsáveis por captar informações proprioceptivas de músculos e tendões. A pressão exercida pela liberação miofascial pode inibir os fusos musculares e estimular os OTG, assim como alterar o tônus muscular levando a um **relaxamento muscular**, fazendo com que os músculos se contraiam e se alonguem de modo mais eficaz. As melhoras obtidas pela liberação miofascial são devidas, ainda, ao alongamento do componente elástico, à liberação das ligações cruzadas que podem desenvolver pontos nodais da fáscia e à mudança da viscosidade da fáscia.

Mas você sabe o que é fáscia? A fáscia é uma membrana do tecido conjuntivo, localizada logo abaixo da pele, extremamente resistente e elástica. É comparável a uma capa que recobre e protege todos os músculos do corpo, permitindo o deslizamento perfeito. Segundo Dixon (2007), a fáscia dá sustentação e é o invólucro de órgãos e músculos. Os invólucros musculares encontram-se internamente ligados, em continuidade, de maneira a formar um verdadeiro esqueleto fibroso apoiado sobre o esqueleto ósseo. Rodeia todos os órgãos em forma tridimensional e desta maneira permite mantê-los em uma correta posição e funcionamento.

Do ponto de vista de sua estrutura molecular, a fáscia é composta principalmente por:

- **Elastina** – proteína que permite obter suficiente elasticidade em lugares específicos como os tendões, a pele e as artérias.

- **Colágeno** – proteína que assegura à fáscia força e proteção para estiramentos excessivos.

Dependendo dos movimentos do corpo, a fáscia pode sofrer alterações ou lesões que atrapalham e até mesmo impedem o trabalho dos músculos, causando muita dor e perda da *performance*. Dentre os fatores que causam modificações prejudiciais a fáscia estão: treinos intensos, maus hábitos posturais, padrões de movimentos incorretos, além de fatores emocionais, como o estresse.

Nosso corpo reage a essas alterações formando nódulos, que são chamados de pontos gatilhos (*trigger points*). Eles acumulam toxinas e prejudicam o bom funcionamento do sistema musculoesquelético. Alteram também a coordenação, a flexibilidade e a força muscular. Dessa forma, começamos a ter perda de rendimento e qualidade de vida.

Nesse momento é que surge a aplicabilidade da liberação miofascial (mio = músculo + fáscia – tecido conectivo), trabalhando para "consertar" essas restrições e limitações.

**A literatura nos comprova alguns benefícios da liberação miofascial e algumas técnicas de execução.**

- Liberar as tensões e dores musculares crônicas;

- Liberar o movimento das articulações e melhora a flexibilidade;

- Melhorar a circulação;

- Aumentar a consciência corporal;

- Promover maior mobilidade e amplitude de movimento;

- Autoliberação.

Nem sempre é possível contar com uma massagem feita por um profissional, especialmente nos períodos de treino. Nesse caso, existe a possibilidade da massagem de autoliberação miofascial. Para realizá-la, você pode usar alguns acessórios específicos. Os mais comuns são:

- Rolo (*foam roller*): acessório capaz de trabalhar quase todos os grupamentos.

- Bola de tênis: usada para massagem da planta do pé e das partes anterior e posterior da perna.

- Bastão (*stick*): usado para quadríceps e isqueostibias, menos eficiente que os outros, porém uma boa alternativa para levar em viagens.

## CONTRAINDICAÇÕES DA LIBERAÇÃO MIOFASCIAL

Em geral, este é um procedimento que pode ser realizado sem grandes restrições. Porém, pessoas que se enquadrem em algum dos grupos abaixo devem evitá-lo:

- Problemas circulatórios ou inchaço.

- Hipersensibilidade à dor ou condições de dor crônica (por exemplo, fibromialgia).

- Lesões musculares ou ósseas diagnosticadas.

- Pessoas que fazem uso de medicamentos anticoagulantes.

- Regiões do corpo recentemente feridas ou com hematoma.

- Mulheres no primeiro trimestre da gravidez.

Como regra geral, o tempo necessário para obter os benefícios, está diretamente ligado à condição atual do tecido. Em outras palavras, se você apresenta uma má qualidade dos tecidos, estando eles mais prejudicados, você vai precisar de mais trabalho para trazê-lo até o ponto ideal. Em contrapartida, quanto mais familiarizado você estiver com as técnicas, mais fácil elas se tornarão, e menos tempo você precisará ficar no *foam roller*, por exemplo. Nos estágios iniciais da aplicação da liberação, geralmente é indicado que os alunos trabalhem entre um ou dois minutos em qualquer área com tensão excessiva. Se uma área é particularmente mais tensa, gastaremos mais tempo nela. Se o aluno não está tão mal assim, vamos gastar menos tempo no local. O indicado é passar a maior parte do tempo sobre os tecidos mais tensos.

A duração de estimulação no local não se conta por séries ou repetições, mas sim pela percepção da diminuição do ponto de aderência e sensação dolorosa da região onde está ocorrendo a liberação, em média de 30 a 60'' de duração é o suficiente.

As sessões devem ser realizadas com movimentos lentos e contínuos, no qual o paciente informa de acordo com seu limiar de dor a intensidade da pressão a ser utilizada (COSTA, 2012).

Assim, terminamos os desdobramentos possíveis, dentro de vários conceitos e teorias na área da mobilidade, flexibilidade, estabilidade e liberação miofascial. Não existe o mais certo, o menos certo ou uma verdade absoluta. Não estamos em uma área exata, portanto cada caso deverá ser analisado individualmente e deverá ser utilizada a melhor técnica que o profissional julgar atender ao objetivo que ele tem em mente. O diferencial entre um mero repetidor de movimentos ou de teorias e um profissional da área está no objetivo e na adequação do treinamento as necessidades do aluno. Você SEMPRE deverá ter ele em mente, sempre deverá saber o porquê do que está prescrevendo. Utilize o conhecimento científico, mas não se apegue apenas a ele, pois conhecimento científico sem prática de nada serve.

### REFERÊNCIAS BIBLIOGRÁFICAS

ACHOUR JUNIOR, A. Alongamento e flexibilidade: definições e contraposições. *Revista Brasileira de Atividade Física & Saúde*, v. 12, n. 1, p. 54-58, 2007.

ALTER, M. J. *Ciência da flexibilidade*. 2. ed. Porto Alegre: Artmed, 1999.

BADARO, A. F. V.; SILVA, A. H.; BECHE, D. Flexibilidade *versus* alongamento: esclarecendo as diferenças. *Saúde*, Santa Maria, 33(1), p. 32-6, 2007.

BATISTA, J. S.; BORGES, A. M.; WIBELINGER, L. M. Tratamento fisioterápico na síndrome da dor miofascial e fibromialgia. *Revista Dor*, São Paulo, 2012.

BIENFAIT, Marcel. *As bases da fisiologia da terapia manual*. São Paulo: Summus, 2000.

_____ . *Fáscias e pompages:* estudo e tratamento do esqueleto fibroso. São Paulo: Summus, 1999.

CONTURSI, T. L. B. *Flexibilidade e alongamento.* 19. ed. Rio de Janeiro: Sprint, 1986.

COSTA, N. A.; POGGETTO, S. F. D.; PEDRONI, C. R. O efeito da manipulação miofascial sobre o limiar doloroso em atletas durante o período competitivo. *Revista Terapia Manual,* 2012.

DANTAS, Estélio H. M. *Alongamento e flexionamento.* 5. ed. Rio de Janeiro: Shape, 2005.

DIXON, Marian Wolfe. *Massagem miofascial.* Rio de Janeiro: Guanabara Koogan, 2007.

FERNANDES, André; MARINHO, Adriana; VOIGT, Lú; LIMA, Vicente. *Cinesiologia do alongamento.* 1. ed. Rio de Janeiro: Sprint, 2002.

FOX, E. L.; MATHEWS, D. K. *Bases fisiológicas da educação física e dos desportos.* 3. ed. Rio de Janeiro: Guanabara Koogan, 1991.

FRAGA, B. S. *Autoliberação miofascial no treinamento físico:* revisão de literatura (Trabalho de conclusão de curso). Universidade Federal do Rio Grande do Sul, 2015.

GEOFFROY, Cristophe. *Alongamento para todos.* 1. ed. Barueri: Manole, 2001.

MENDONÇA, Meg. *Método de alongamento RP2.* 1. ed. São Paulo: Phorte, 2005.

MONTEIRO, Gisele de Assis. *Avaliação da flexibilidade. Manual de utilização do flexímetro Sanny.* 1. ed. São Bernardo do Campo, 2000.

PETTER, G. N.; NORA, D. D.; SANTOS, T. S. *et al. Efeitos da liberação miofascial sobre a funcionalidade da dor em mulheres mastectomizadas.* Fisioterapia Brasil, 2015.

PLATONOV, V. N. *Teoria do treinamento desportivo olímpico.* 1. ed. Porto Alegre: Artmed, 2004.

PRENTICE, W. E.; VOIGHT, M. L. *Técnicas em reabilitação musculoesquelética.* Porto Alegre: Artmed, 2003.

REGO, E. M.; MARTIN, M. M.; FILHO, A. V. D. *et al.* Efeitos da liberação miofascial sobre a flexibilidade de um paciente com distrofia miotônica de Steinert. *Revista de Neurociência,* 2012.

# TREINAMENTO COM PESO CORPORAL

*ALEXANDRE F. MACHADO*
*DANILO SALES BOCALINI*

*CAPÍTULO 2*

## CALISTENIA

Na Grécia antiga já se praticava o treinamento com peso corporal, porém os exercícios realizados eram direcionados para aumento de força e para o desenvolvimento de um corpo dentro dos valores adotados pela sociedade na época (COSTA, 1998). Também na Roma antiga era praticado o treinamento com peso corporal, mas os exercícios tinham caráter de preparação militar.

Em 1785 que os exercícios físicos com o peso corporal integraram à educação física (AZEVEDO; SANTOS, 2015). Mas foi somente em 1829 com a publicação do livro *Kallisthenie — Exercises for Beauty and Strength*, que a calistenia foi caraterizada como prática ritmada de exercícios com o peso corporal (ALIJAS; TORRE, 2015).

Com isso inicia-se uma diferenciação entre os termos ginástica e calistenia, onde se entendia como Ginástica a prática de exercícios com ou sem aparelhos e a calistenia, era a prática de exercícios sem aparelhos com movimentos ritmados. Outro ponto importante para a popularização da calistenia aconteceu nos EUA e tem como responsável a norte-americana Catherine Becher, que incluía música nas aulas de calistenia com objetivo de proporcionar ritmo e cadência que para época foi uma grande revolução.

Ainda nos EUA, mas no final do século XIX surge o movimento Saúde, Educação Física e Recreação, um movimento que utilizou a prática de atividade física para promover a saúde na população da época (COSTA, 1998). Basicamente o movimento estimulava a prática da calistenia para toda a população, independente de sexo e ou nível de condicionamento e além do treinamento físico proposto pelos exercícios calistênicos o movimento também tinha um foco de sociabilização uma vez que nas aulas participavam todos juntos, muito próximo do que acontece hoje nas academias.

Mas foi através da Associação Cristã de Moços (ACM) que a calistenia se difundiu pelo EUA, pois, na ACM ela deixou de ministrada apenas nas escolas e passou a ser encarada como um sistema de treinamento onde foi praticada em clubes e associações.

As aulas de calistenia eram elaboradas levando em consideração seis princípios (AMARAL, 1965), sendo eles: seleção, precisão, totalidade, progressão, unidade e adaptação.

Princípio da seleção: Entre as inúmeras possibilidades que podem ser adotadas num programa de treinamento, devem ser escolhidos aqueles que mais se adaptam aos objetivos propostos.

> **Princípio da precisão**: Os exercícios devem ser executados com perfeição para que os resultados esperados possam surgir no tempo determinado.
>
> **Princípio da totalidade**: O programa deve ter um caráter de efeito geral e envolver grandes músculos em seus programas diários de treinamento.
>
> **Princípio da progressão**: Caracterizava-se pelo aumento do número de exercícios e pela intensidade dos exercícios proposto de acordo com o objetivo proposto. Era proposta uma curva fisiológica de esforço para elaboração das aulas pelo plano Skarstron (Figura 1).

## Figura 1 — Curva de esforço fisiológico (plano Skartron)

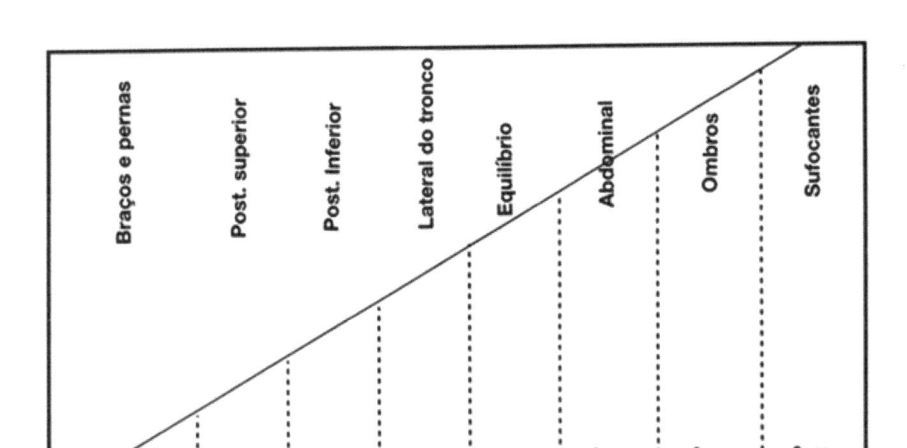

**Princípio da unidade**: Os exercícios deveriam ser selecionados de forma que se completassem, evitando dessa forma uma sobrecarga.

**Princípio da adaptação**: Os estímulos deveriam ser fortes suficientes para promoverem adaptação de forma individual nos participantes da aula de calistenia. Dessa forma todos participavam das aulas.

Os exercícios foram divididos em 8 grupos organizados a partir da seleção de objetivos, considerando a prescrição das sessões de treino (ALIJAS; TORRE, 2015). Os grupos eram divididos em: (1) braços e pernas; (2) região posterior-superior do tronco; (3) região posterior-inferior do tronco; (4) região lateral do tronco; (5) equilíbrio; (6) região abdominal; (7) gerais do ombro; e (8) saltos e corridas (AMARAL, 1965).

### HIIT A NOVA CALISTENIA

Recentemente alguns pesquisadores (McRAE *et al.*, 2012; GIST; FREESE *et al.*, 2014; GIST *et al.*, 2015) reintroduziram o conceito do treinamento com o peso corporal usando o método HIIT em seus experimentos caracterizando o método como *whole-body training* (McRAE *et al.*, 2012), *Whole-body calisthenics* (GIST *et al.*, 2014; GIST *et al.*, 2015) ou como é conhecido na prática profissional como HIIT *body work* (MACHADO *et al.*, 2017).

Nesta nova proposta de calistenia o treinamento com o peso corporal vem sendo executado na prática profissional utiliza-se propostas de estímulos de alta intensidade ou intensidade máxima (GERMANO *et al.*, 2015). O tempo de estímulo entre varia de 20 segundos até 1 minuto (BUCHHEIT; LAURSEN, 2013a) e intervalo de recuperação de 10 segundos até 4 minutos (BUCHHEIT; LAURSEN, 2013a) resultando em um tempo total de sessão de treino de 4 a 30 minutos (GIBALA *et al.*, 2014), dependo do protocolo de treinamento.

O HIIT de uma forma geral tornou-se uma ferramenta extremamente eficiente e segura para o aumento do condicionamento para atletas e não atletas (ROZENEK *et al.*, 2016). As sessões compostas por estímulos repetidos de alta intensidade seguidos por um curto tempo de recuperação podem ser realizadas em ergômetros, como a bicicleta, esteira e remo (GIBALA; GILLEN; PERCIVAL, 2014), também como o peso corporal (McRAE *et al.*, 2012) e com ferramentas como corda naval e *kettlebell* (MEIER *et al.*, 2015).

O treinamento de HIIT vem ganhando muito destaque na mídia em função dos rápidos resultados sobre condicionamento e emagrecimento, embora alguns estudos (GILLEN *et al.* 2016, KEATING *et al.*, 2014; DE FEO, 2013) não tenham encontrado superioridade do método HIIT quando comparado ao treinamento moderado. Mas o que fica claro na literatura é a eficiência do método HIIT sobre o treinamento continuo para aumento do condicionamento físico (GIBALA *et al.*, LITTLE, 2010; GIBALA *et al.*, 2014; ROZENEK *et al.*, 2016), redução de gordura corporal (ZDERIC *et al.*, 2004; SCHOENFELD *et al.*, 2009; McRAE *et al.*, 2012; GILLEN *et al.*, 2016).

Segundo Gray *et al.* (2016) o *HIIT body work* pode ser considerado uma modalidade de fácil acesso e baixo custo, porém a eficiência do método requer um conhecimento considerável do profissional para elaboração de programa de treino eficiente e seguro, sobretudo, pelo monitoramento das variáveis de carga durante a sessão de treinamento.

Geralmente a intensidade no *HIIT* são *all out, podemos* caracterizar carga *all out* como: a máxima intensidade possível durante o período de estímulo proposto pelo protocolo (GIBALA *et al.*, 2008; MACHADO *et al.*, 2017). Outro ponto importante no *HIIT* é a carga tempo que pode ser dividida em três momentos, sendo eles: Tempo de Estímulo (TE), Tempo de Recuperação (TR) e Tempo Total da Sessão (TT).

Ainda não há um consenso na literatura de como manipular as variáveis de tempo no *HIIT body work*, entretanto as variáveis de tempo podem e devem ser manipuladas de forma que o praticante independente do nível de condicionamento possa executar o maior número de estímulos possíveis na intensidade solicitada no tempo proposto.

### TEMPO DE ESTÍMULO, TEMPO DE RECUPERAÇÃO E TEMPO TOTAL DE TREINO

A sessão de treinamento no *HIIT* pode variar de 4 a 32 minutos (TABATA *et al.*, 1997; GIBALA, 2008; OSAWA *et al.*, 2014; TUCKER *et al.*, 2015; ROZENEK *et al.*, 2016) e com o HIIT com peso corporal não é diferente com variação de 4 a 18 minutos (McRAE *et al.*, 2012; GIST *et al.*, 2014; GIST *et al.*, 2015), porém Machado *et al.* (2017) afirma em seu estudo que as sessões com peso corporal devem ter pelo menos 20 minutos de tempo total na sessão. E 30 segundos no tempo de estímulo e o tempo de recuperação pode variar em função do nível do praticante (MACHADO, 2016; MACHADO *et al.*, 2017).

Recomenda-se uma relação de carga de treino de 1:1, para estímulos de até 1 minuto de duração para indivíduos ativos (MEIER *et al.*, 2015; MACHADO, 2015; MACHADO, 2016; MACHADO *et al.*, 2017), para indivíduos avançados uma relação de carga de 1:1/2 e para os iniciantes uma relação de carga 1:2 (MACHADO *et al.*, 2017) como apresentado na tabela 1.

## Tabela 1 — Tempo de estímulo, tempo de recuperação e relação de carga entre estímulo e recuperação

| Tempo de estímulo | Tempo de recuperação | Relação de carga |
|---|---|---|
| 30 segundos | 30 segundos | 1:1 |
| 30 segundos | 60 segundos | 1:2 |
| 30 segundos | 15 segundos | 1:1/2 |

A maioria dos estudos presentes na literatura (CEESAY *et al.*, 1989; TABATA *et al.*, 1997; GIBALA, 2008; OSAMW *et al.*, 2014; TUCKER *et al.*, 2015; ROZENEK *et al.*, 2016; GILLEN *et al.*, 2016) utiliza-se de bicicletas em seus protocolos. A relação de carga e o tempo total de treino já está bem estabelecida na literatura quando nos referimos em promover adaptações favoráveis ao emagrecimento e ao incremento da aptidão física de forma rápida e eficiente com o *HIIT* em bicicleta (GIBALA; LITTLE, 2010; BUCHHEIT; LAURSEN, 2013a; McRAE *et al.*, 2012; GIBALA *et al.*, 2014; ROZENEK *et al.*, 2016). Mas, a literatura ainda é carente de protocolos específicos para o *HIIT* com peso corporal, limitando com isso a utilização dessa modalidade quando nos referimos a sua aplicabilidade. Para Gray *et al.* (2016) ainda existe uma lacuna a ser preenchida para que possamos utilizar o *HIIT* com peso corporal como ferramenta de treino.

### CARGA INTERNA E CARGA EXTERNA

A carga de treino é composta pelos estímulos que compõe a sessão de treino, é considerada uma importante variável no controle do exercício físico. A carga de treino pode ser observada de duas formas distintas, sendo elas: interna e externa (BORIN *et al.*, 2007). A carga externa é considerada como o trabalho executado durante o treinamento (IMPELLIZZERI *et al.*, 2006; PINHO *et al.*, 2016) sendo diretamente relacionada com as variáveis de volume e intensidade do exercício, no *HIIT* caracterizados como: número de estímulos e tempo total de treinamento, volume e intensidade do estímulo e tempo de recuperação, intensidade.

Outro método de observa a carga externa no *HIIT*, é a relação de carga de treino. As cargas utilizadas variam entre 1:1 correspondendo similaridade entre estímulo e recuperação (CEESAY *et al.*, 1989; OSAWA *et al.*, 2014; ROZENEK *et al.*, 2016), 1:1/2, em que o tempo de recuperação corresponde à metade do tempo de estímulo (TABATA *et al.*, 1997), o que possibilita uma sessão de treinamento com maior intensidade com menor duração e podemos ter também 1:2, onde o tempo de recuperação é o dobro do tempo de estímulo o que permite maior recuperação durante o treinamento.

No *HIIT* com peso corporal o controle da carga de treino ainda não está totalmente esclarecido, contudo, nossa sugestão é que a carga aplicada seja caracterizada como *all out*, onde os *scores* da percepção de esforço da escala de Borg adaptada (TIGGEMANN; PINTO; KRUEL, 2010) estejam entre 9 e 10 para cada estímulo de treinamento durante todos os ciclos. Os ciclos correspondem ao produto da soma do tempo de estímulo com o tempo de recuperação, como descrito na Figura 1 e já utilizado em treinamentos de *HIIT* convencional (BUCHHEIT; LAURSEN, 2013a; TUCKER *et al.*, 2015).

A carga interna corresponde às respostas fisiológicas agudas do *HIIT* (PINHO *et al.*, 2016). Quanto maior a carga interna do treinamento, maior será a adaptação sobre o treinamento (IMPELLIZZERI *et al.*, 2006), suas principais variáveis são: frequência cardíaca durante o exercício, frequência cardíaca imediatamente após o exercício, concentração de lactato imediatamente mensurada após o exercício, VO2 máximo durante o exercício e percepção subjetiva de esforço (IMPELLIZZERI *et al.*, 2006; BORIN *et al.*, 2007; BORIN; GOMES; DOS SANTOS LEITE, 2008; PINHO *et al.*, 2016; MACHADO *et al.*, 2017).

### Seleção dos exercícios

A preocupação com a seleção dos exercícios no *HIIT* com peso corporal é um fator importante a ser considerado. Assim como na calistenia os exercícios eram distribuídos em 8 grupos de trabalho, sendo eles: extensão de tronco, compensatórios da região do tronco, laterais de tronco, equilíbrio, abdominais, extensão do tronco de forma mais intensa e saltos e corridas estacionárias (ALIJAS; TORRE, 2015). Os pesquisadores Anthoy e Brown (2016) propuseram em seu experimento exercícios de potência, estabilização e suporte. A seleção dos exercícios no *HIIT* com peso corporal deve ser direcionada em função do perfil do praticante, pois, dessa forma irá permitir um maior aproveitamento do treino e reduzir as lesões relacionadas ao esporte (ANTHONY; BROWN, 2016). McRae *et al.* (2012) utilizaram em seu experimento quatros exercícios livres, *burpee, jump jack, mountain climber* e *squat thrust,* contudo, não mencionado critérios para a escolha dos exercícios bem como a razão ordem de execução dos exercícios.

Levando em consideração os critérios para seleção e ordem dos exercícios (SIMÃO *et al.*, 2005; SIMÃO *et al.*, 2007), a sugestão é considerar as adaptações encontradas no treinamento de força, alguns estudos (JANNIG *et al.*, 2009; SANTOS *et al.*, 2009; GIL *et al.*, 2011) observaram que a seleção de exercícios deve ser considerada um parâmetro decisivo nas adaptações neuromusculares, com isso, a escolha dos exercícios podem interferir significativamente na dinâmica da sessão de treinamento.

Embora não exista uma diretriz para os critérios na seleção dos exercícios no *HIIT body work*, sugerimos que a complexidade do gesto motor pode ser considerada uma estratégia viável na organização da sessão de treinamento. Considerando o ponto de vista de Semenick e Adams (1987) podemos classificar os exercícios em dois grupos distintos, sendo eles: simples e complexos, onde: Exercícios simples, com padrão de movimento único, exemplo: *Jump Jack* e exercício complexo com padrão de movimento combinado, exemplo: *Burpee*. Na Tabela 1, exemplos de exercícios e sua classificação.

Dados de um estudo ainda não publicado do nosso grupo investigou os efeitos de diferentes ordens na seleção de exercícios durante a sessão de HIIT *body work* considerando as recomendações de Machado *et al.* (2017) Resumidamente, considerando o conceito de exercícios simples (*jumping jack* e *montain claimb*) e complexos (*burpee* e *squat jump*) três ordens de exercícios foram aleatoriamente aplicadas em jovens universitários saudáveis, sendo elas: A (alternado: simples-complexo-simples-complexo), B (simples-simples-complexos-complexos) e C (complexos-complexos-simples-simples). Conforme pode ser visualizado na figura 2.2, não foram identificadas diferenças entre os protocolos considerando a percepção de esforço, contudo o número de movimentos bem como a carga de treinamento diferiu entre as sessões, sugerindo que a ordem dos exercícios exerce influência decisiva em parâmetros de carga de treinamento e, portanto na sessão de treinamento.

## Figura 2

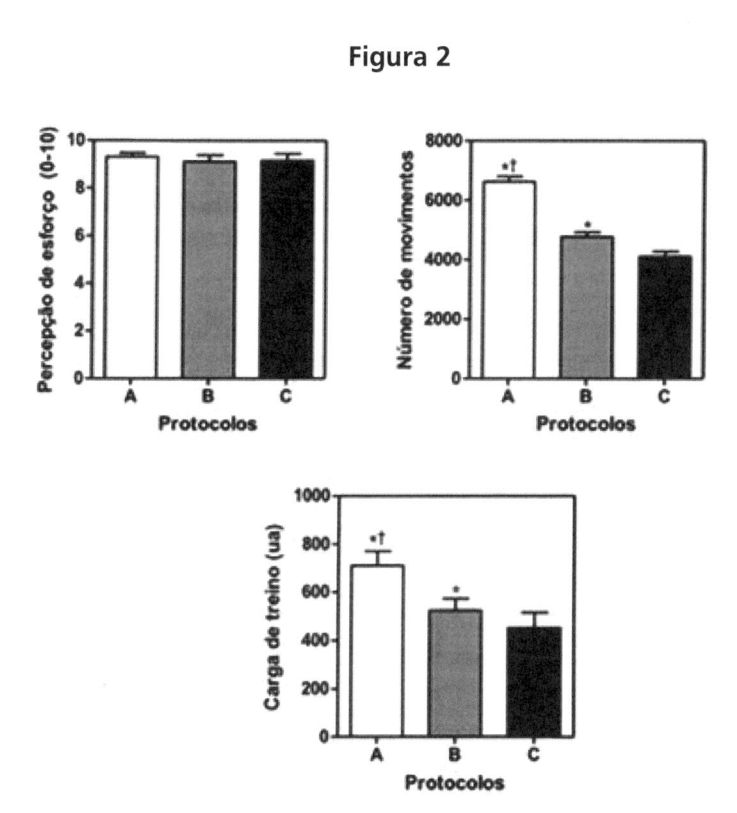

Valores expressos em media e desvio padrão. Protocolo A (simples-complexo-simples-complexo), B (simples-simples-complexos-complexos) e C (complexos-complexos-simples-simples).

* p<0,01 vs. Protocolo C

† p<0,01 vs. Protocolo B

**Tabela 2 — Exercício e sua classificação
quanto a complexidade do gestor motor**

| EXERCÍCIO | CLASSIFICAÇÃO |
|---|---|
| *Jump jack* | Simples |
| *Seal jack* | Simples |
| *Split* | Simples |
| *Squat* | Simples |
| Escalador | Simples |
| Frankenstein | Simples |
| *Running* | Simples |
| Prancha | Simples |
| Abdominal | Simples |
| *Pike* | Simples |
| Apoio de frente solo | Simples |
| *Burpee* | Complexo |
| Suicídio | Complexo |
| Gafanhoto | Complexo |
| *Squat jump* | Complexo |
| *Squat thrust* | Complexo |
| *Skater jump* | Complexo |
| *Lunge* | Complexo |
| Deslocamento lateral com *jump* | Complexo |
| Sugado | Complexo |
| Deslocamento agachado | Complexo |

A execução da sessão de *HIIT* pode ser executada de duas formas distintas, sendo elas: **Convencional** ou **Circuito**. Na **Convencional** a execução dos exercícios das séries é realizada exercício a exercício, após o término do número de *sets* de cada exercício é que se inicia a execução de um novo exercício. Já no **Circuito** a execução dos exercícios é realizada de forma alternada, sendo uma série de cada exercício e ao término dos exercícios o processo se repete até chegar ao número de *sets* proposto no programa (MACHADO, 2016; MACHADO *et al.*, 2017).

A prática me proporcionou algumas duas observações bem interessantes sobre a execução do treino de *HIIT*, sendo elas:

1º Com a proposta de carga é *all out,* em algum momento da sessão os alunos irão ficar extremamente cansados e estressados e trocar de exercícios a cada *set* irá gerar uma certa confusão de execução do exercícios por parte de alguns alunos o que ira causar uma certa desordem na sessão, caso você tenha mais de 3 alunos;

2º Quanto maior o número de exercícios no treino, será menor o número de sets para cada exercício o que irá causar menor impacto fisiológico na sessão, assim como também a execução no formato circuito irá gerar menor impacto fisiológico.

## *Sessão de treino (desafios)*

A proposta se pauta no tempo total de treinamento fixo de aproximadamente 30 minutos para os diferentes perfis de praticantes (MACHADO *et al.*, 2017) e também um tempo fixo de esforço de cada estímulo de 30 segundos. A intensidade para cada estímulo independente do perfil do praticante deve ser *all out*. A diferença ocorre na recuperação em função do perfil do praticante, onde se leva em consideração a relação da carga de treino. Para iniciantes a relação com menor impacto fisiológico, relação de carga (1:2), na prática serão **20** estímulos de 30 segundos de estímulo *all out* por 60 segundos, recuperação passiva. Já o intermediário terá um impacto fisiológico maior, a relação de carga é

(1:1), na prática serão **30** estímulos de 30 segundos de estímulo *all out* por 30 segundos, recuperação passiva e para os avançados uma relação de carga bem mais intensa (1:1/2), a prática serão **40** estímulos de 30 segundos de estímulo *all out* por 15 segundos, recuperação passiva (Tabela 2.3). Importante ressaltar que deve ter uma alternância entre os exercícios simples e complexos para o melhor desenvolvimento do programa de treinamento independente do perfil do aluno (MACHADO, 2015; MACHADO, 2016; MACHADO *et al.*, 2017).

O número de proposto sets por exercício deve ser no mínimo de 3 *sets*, sem um número máximo previsto. O importante é entender que quanto mais exercícios no desafio do dia, a sessão terá um menor impacto fisiológico e quanto maior o número de *sets* por exercício o impacto fisiológico da sessão será mais significativo.

A proposta é trabalhar com uma progressão lógica da carga de treino em função do perfil do praticante, a partir de um número maior de exercícios por *set* para alunos com melhor condicionamento (Tabela 2).

**Tabela 3 — relação de número de estímulos, número de exercícios na sessão e número de sets por sessão de treino**

| | Número de estímulos | Número de exercícios na sessão | Número de *sets* por exercício |
|---|---|---|---|
| **INICIANTE** | 20 | 5 | 4 |
| **INTERMEDIÁRIO** | 30 | 5 | 6 |
| **AVANÇADO** | 40 | 4 | 10 |

### MODELOS DE DESAFIOS

Aqui são apresentados alguns modelos de desafios para que você possa usar como referência na elaboração das suas rotinas de treino para seus alunos. As rotinas estão dividas em dois diferentes grupos, *HIIT* com recuperação passiva que se entende, que é parado e *HIIT* com recuperação ativa, isto é realizando algum tipo de movimento em baixa intensidade, aqui nós denominamos este *HIIT* em especial como HIIT no *stop*.

Nesta proposta de *HIIT* no *stop* os estímulos são realizados também em intensidade *all out* e a recuperação ativa em uma intensidade baixa, onde permita uma recuperação durante a execução do exercício.

### ROTINAS *HIIT* COM RECUPERAÇÃO PASSIVA

**Perfil iniciante** — Total de 20 ciclos de (30 segundos estímulo/60 segundos recuperação)

> *Jump jack* — 4 x (30 segundos estímulo/60 segundos recuperação passiva)
>
> *Burpee* — 4 x (30 segundos estímulo/60 segundos recuperação passiva)
>
> *Split* — 4 x (30 segundos estímulo/60 segundos recuperação passiva)
>
> *Squat jump* — 4 x (30 segundos estímulo/60 segundos recuperação passiva)
>
> Abdominal — 4 x (30 segundos estímulo/60 segundos recuperação passiva)

**Perfil intermediário** — Total de 30 ciclos de (30 segundos estímulo/30 segundos recuperação)

> Suicídio — 6 x (30 segundos estímulo/30 segundos recuperação passiva)
>
> *Jump jack* — 6 x (30 segundos estímulo/30 segundos recuperação passiva)

*Burpee* — 6 x (30 segundos estímulo/30 segundos recuperação passiva)

*Running* — 6 x (30 segundos estímulo/30 segundos recuperação passiva)

*Squat thrust* — 6 x (30 segundos estímulo/30 segundos recuperação passiva)

**Perfil Avançado** — Total de 40 ciclos de (30 segundos estímulo/15 segundos recuperação)

*Burpee* — 10 x (40 segundos estímulo/15 segundos recuperação passiva)

*Lunge* — 10 x (40 segundos estímulo/15 segundos recuperação passiva)

*Squat thrust* — 10 x (40 segundos estímulo/15 segundos recuperação passiva)

Suicídio — 10 x (40 segundos estímulo/15 segundos recuperação passiva)

## ROTINAS HIIT COM RECUPERAÇÃO ATIVA (NO STOP)

**No stop com exercícios simples** — Total de 20 ciclos de (30 segundos estímulo/60 segundos recuperação ativa).

5 x *jump jack* (30 segundos) — abdominal (60 segundos)

5 x *split* (30 segundos) — prancha (60 segundos)

5 x escalador (30 segundos) — abdominal (60 segundos)

5 x *seal jack* (30 segundos) — prancha (60 segundos)

**No stop com exercícios complexos** — Total de 20 ciclos de (30 segundos estímulo/60 segundos recuperação ativa).

5 x suicídio (30 segundos) — *jump jack* (60 segundos)

5 x *burpee* (30 segundos) — *split* (60 segundos)

5 x *squat jump* (30 segundos) — escalador (60 segundos)

5 x *squat thrust* (30 segundos) — *seal jack* (60 segundos)

## REFERÊNCIAS BIBLIOGRÁFICAS

ALDEN, J. R.; MAGENIS, A. *A history of the United States*. New York: American Book, 1960.

ALIJAS, R. D. R.; TORRE, A. H. D. Calistenia: volviendo a losorígenes. *Emásf, Revista Digital de Educación Física,* 6(33), p. 87-96, 2015.

AMARAL, C. R. Calistenia no plano geral da educação física. *Associação dos professores de Educação física do Estado da Guanabara*, n. 6, 1965.

AMORIM, P. R. S.; FARIA, F. R. Dispêndio energético das atividades humanas e sua repercussão para a saúde. Energy expenditure of human activities and its impact on health. *Motricidade*, v. 8, n. S2, p. 295, 2012.

ANTHONY, C. C.; BROWN, L. E. Resitance training considerations for female surfers. *National Strength and Conditioning Association*. 38(2), p. 64-69, 2016.

AZEVEDO, C. B.; SANTOS, R. M. Corpo, criança e escola — aspectos da cultura escolar dos grupos escolares norte-rio-grandense. *Mente — Revista de Humanidades*, 16(37), p. 91-126, 2015.

BORIN, João Paulo; GOMES, Antonio Carlos; DOS SANTOS LEITE, Gerson. Preparação desportiva: aspectos do controle da carga de treinamento nos jogos coletivos. *Revista da Educação Física/UEM*, v. 18, n. 1, p. 97-105, 2008.

BORIN, João Paulo; PRESTES, Jonato; MOURA, Nélio Franco, ALFANO. Caracterização, controle e avaliação: limitações e possibilidades no âmbito do treinamento desportivo. *Revista Treinamento Desportivo*, v. 8, n. 1, p. 6-11, 2007.

BUCHHEIT, Martin; LAURSEN, Paul B. High-intensity interval training, solutions to the programming puzzle. *Sports Medicine*, v. 43, n. 5, p. 313-338, 2013.

_____. High-intensity interval training, solutions to the programming puzzle. Part II: anaerobic energy, neuromuscular load and practical aplllications. *Sports Medicine*, v. 43, n. 10, p. 927-954, 2013.

COSTA, M. G. *Ginástica localizada*. 2. ed. Rio de Janeiro: Sprint, 1998.

DE AGUIAR, Rafael Alves *et al.* Efeito da intensidade do exercício de corrida intermitente 30s: 15s no tempo de manutenção no ou próximo do VO2max. *Motriz Rev. Educ. Fís. (Impr.),* v. 19, n. 1, p. 207-216, 2013.

DE FEO, P. Is high-intensity exercise better than moderate-intensity exercise for weight loss?. *Nutrition, Metabolismand Cardiovascular Diseases,* v. 23, n. 11, p. 1037-1042, 2013.

_____ . Is high-intensity exercise better than moderate-intensity exercise for weight loss? *Nutr. Metab. Cardiovasc. Dis,* 23(11), p. 1037-42, 2013.

DE MOURA SIMIM, Mario Antônio. Comportamento da frequência cardíaca, percepção subjetiva do esforço, e o gasto calórico durante uma sessão de circuito com pesos. *Revista Brasileira de Prescrição e Fisiologia do Exercício (RBPFEX),* v. 4, n. 21, p. 1, 2010.

DEL VECCHIO, Fabricio; GALLIANO, Leony; COSWIG, Victor. Aplicações do exercício intermitente de alta intensidade na síndrome metabólica. *Revista Brasileira de Atividade Física & Saúde,* v. 18, n. 6, p. 669, 2013.

FAUDE, Oliver *et al.* High intensity interval training vs. high-volume running training during pre-season conditioning in high-level youth football: a cross-over trial. *Journal of Sports Sciences,* v. 31, n. 13, p. 1441-1450, 2013.

FERNANDEZ-FERNANDEZ, Jaime *et al.* Acute physiological responses during crossfit® workouts. *European Journal of Human Movement,* v. 35, p. 1-25, 2015.

GAESSER, Glenn A.; ANGADI, Siddhartha S. High-intensity interval training for health and fitness: can less be more? *Journal of Applied Physiology,* v. 111, n. 6, p. 1540-1541, 2011.

GARCIA, Nuno M. *et al.* Acquisition of multiple physiological parameters during physical exercise. *Digital Advances in Medicine, E-Health, and Communication Technologies,* p. 102, 2013.

GERMANO, Moisés Diego *et al.* High intensity interval training: cardiorespiratory adaptations, metabolic and performance. *International Journal of Sports Science,* v. 5, n. 6, p. 240-247, 2015.

GIBALA, Martin J.; GILLEN, Jenna B.; PERCIVAL, Michael E. Physiological and health-related adaptations to low-volume interval training: influences of nutrition and sex. *Sports Medicine,* v. 44, n. 2, p. 127-137, 2014.

GIBALA, Martin J.; LITTLE, Jonathan P. Just HIT it! A time efficient exercise strategy to improve muscle insulin sensitivity. *The Journal of Physiology,* v. 588, n. 18, p. 3341-3342, 2010.

GIBALA, Martin J.; MCGEE, Sean L. Metabolic adaptations to short-term high-intensity interval training: a little pain for a lot of gain? *Exercise and Sport Sciences Reviews*, v. 36, n. 2, p. 58-63, 2008.

GIL, Saulo *et al*. Efeito da ordem dos exercícios no número de repetições e na percepção subjetiva de esforço em homens treinados em força. *Revista Brasileira de Educação Física e Esporte*, v. 25, n. 1, p. 127-135, 2011.

GILLEN, Jenna B. *et al*. Twelve weeks of sprint interval training improves indices of cardiometabolic health similar to traditional endurance training despite a five-fold lower exercise volume and time commitment. *PloS one*, v. 11, n. 4, p. e0154075, 2016.

GIST, Nicholas H. *et al*. Effects of low-volume, high-intensity whole-body calisthenics on army rotc cadets. *Military Medicine*, v. 180, n. 5, p. 492-498, 2015.

GIST, Nicholas H.; FREESE, Eric C.; CURETON, Kirk J. Comparison of responses to two high-intensity intermittent exercise protocols. *The Journal of Strength & Conditioning Research*, v. 28, n. 11, p. 3033-3040, 2014.

GRAY, Stuart R. *et al*. High-intensity interval training: key data needed to bridge the gap from laboratory to public health policy. *British Journal of Sports Medicine*, p. bjsports-2015-095705, 2016.

GUEDES, Dartagnan Pinto *et al*. Níveis de prática de atividade física habitual em adolescentes. *Rev. Bras. Med. Esporte*, v. 7, n. 6, p. 187-99, 2001.

GUIRAUD, Thibaut *et al*. High-intensity interval training in cardiac rehabilitation. *Sports Medicine*, v. 42, n. 7, p. 587 605, 2012.

HERODEK, Katarina *et al*. High intensity interval training. *Activities in Physical Education and Sport*, v. 4, n. 2, p. 205-207, 2014.

IMPELLIZZERI, Franco M. *et al*. Physiological and performance effects of generic versus specific aerobic training in soccer players. *International Journal of Sports Medicine*, v. 27, n. 6, p. 483-492, 2006.

JANNIG, Paulo Roberto *et al*. Influenceofresistanceexercisesorder performance on post-exercisehypotension in hypertensiveelderly. *Revista Brasileira de Medicina do Esporte*, v. 15, n. 5, p. 338-341, 2009.

KEATING, S. E.; MACHAN, E. A.; O'CONNOR, H. T.; GEROFI, J. A.; SAINSBURY, A.; CATERSON, I. D.; JOHNSON, N. A. Continuous exercise but not high intensity interval training improves fat distribution in overweight adults. *Journal of Obesity*, ID 834865, 2014.

KEATING, Shelley E. *et al.* Continuous exercise but not high intensity interval training improves fat distribution in overweight adults. *Journal of Obesity*, v. 2014, 2014.

MACHADO, A. F. *HIIT manual prático*. São Paulo: Phorte, 2016.

_____. *HIIT:* metodologia VO2Pro. São Paulo: VO2Pro, 2015.

MACHADO, A. F.; BAKER, J. S.; NUNES, R. A. M.; VALE, R. G. S.; FIGUEIRA JUNIOR, A.; BOCALINI, D. S. Body weight based in high intensity interval training: the new calisthenics? *MTP & Rehab Journal*, 15, p. 448, 2017. Disponível em: <DOI:10.17784/mtprehabjournal.2017.15.448:.

MATA, J. D.; OLIVER, J. M.; JAGIM, A. R.; JONES, M. T. Sex differences in strength and power support the use of a mixed-model approach to resistance training programing. *Strength and Conditioning Journal*, 38(2), p. 2-7, 2016.

MCRAE, Gill *et al.* Extremely low volume, whole-body aerobic-resistance training improves aerobic fitness and muscular endurance in females. *Applied Physiology, Nutrition, and Metabolism.*, v. 37, n. 6, p. 1124-1131, 2012.

MEIR, J.; QUEDNOW, J.; SEDLAK, T. The effects of high intensity interval-based kettlebells and battle rope training on grip strength and body composition in college-aged adult. *International Journal of Exercise Science,* 8(2), p. 124-133, 2015.

OLIVEIRA, Bruno R. R. *et al.* Continuous and high-intensity interval training: which promotes higher pleasure? *PLOS one*, v. 8, n. 11, p. e79965, 2013.

OSAWA, Yusuke *et al.* Effects of 16-week high-intensity interval training using upper and lower body ergometers on aerobic fitness and morphological changes in healthy men: a preliminary study. *Open Access Journal of Sports Medicine*, v. 5, p. 257, 2014.

PAULETTO, Bruno. Choice and order of exercises. *Strength & Conditioning Journal*, v. 8, n. 2, p. 71-74, 1986.

PINHO, R. W. dos S.; BRAZ, T. V.; CRUZ, W. de A.; SANTOS, A. B.; RIBEIRO, C.; GERMANO, M. D.; AOKI, M. S.; LOPES, C. R. Efeito da carga interna de treinamento sobre o VO2 MAX de mulheres adultas. *R. Bras. Cien. e Mov*, 24 (1), p. 43-51, 2016.

ROZENEK, Ralph *et al.* Acute cardiopulmonary and metabolic responses to high -intensity interval training (hiit) protocols using 60s of work and 60s recovery. *The Journal of Strength & Conditioning Research*, 2016.

SANTOS, Diego *et al.* Analysis of the order of the exercises of the inferior members on the number of repetitions. Análise da ordem dos exercícios dos membros inferiores sobre o número de repetições. *Revista Brasileira de Prescrição e Fisiologia do Exercício*, v. 3, n. 16, p. 349-354, 2009.

SCHOENFELD, Brad; DAWES, Jay. High-intensity interval training: applications for general fitness training. *Strength & Conditioning Journal*, v. 31, n. 6, p. 44-46, 2009.

SEMENICK, Douglas M.; ADAMS, Kela O. Sports performance series: the vertical jump: a kinesiological analysis with recommendations for strength and conditioning programming. *Strength & Conditioning Journal*, v. 9, n. 3, p. 5-11, 1987.

SHIRAEV, Tim; BARCLAY, Gabriella. Evidence based exercise: Clinical benefits of high intensity interval training. *Australian Family Physician*, v. 41, n. 12, p. 960, 2012.

SIMÃO, Roberto; FARINATTI, P. T. V.; POLITO, M. D.; MAIOR, A. S.; FLECK, S. J. Influence of exercise order on the number of repetitions performed and perceived during resistive exercises. *Journal Strength Cond. Res.*, 19, p. 84-8, 2005.

SIMÃO, Roberto *et al*. Influence of exercise order on the number of repetitions performed and perceived exertion during resistance exercise in women. *The Journal of Strength & Conditioning Research*, v. 21, n. 1, p. 23-28, 2007.

STOGGL, T.; SPERLICH, Billy. Polarized training has greater impact on key endurance variables than threshold, high intensity, or high volume training. *Front Physiol.*, v. 5, p. 33, 2014.

TABATA; IZUMI *et al*. Metabolic profile of high intensity intermittent exercises. *Medicine and Science in Sports and Exercise*, v. 29, n. 3, p. 390-395, 1997.

TIGGEMANN, Carlos Leandro; PINTO, Ronei Silveira; KRUEL, Luiz Fernando Martins. A percepção de esforço no treinamento de força. *Revista Brasileira de Medicina do Esporte*, São Paulo: SBME, v. 16, n. 4, p. 301-309, jul./ago. 2010.

TJØNNA, Arnt Erik *et al*. Low-and high-volume of intensive endurance training significantly improves maximal oxygen uptake after 10-weeks of training in healthy men. *PloS one*, v. 8, n. 5, p. e65382, 2013.

TUCKER, Wesley J. *et al*. Physiological responses to high-intensity interval exercise differing in interval duration. *The Journal of Strength & Conditioning Research*, v. 29, n. 12, p. 3326-3335, 2015.

TUCKER, Wesley J.; ANGADI, Siddhartha S.; GAESSER, Glenn A. Excess post exercise oxygen consumption after high-intensity and sprint interval exercise, and continuous steady-state exercise. *Journal of Strength and Conditioning Research. National Strength & Conditioning Association*, 2016.

# CAPÍTULO 3

# Treinamento em Suspensão

*Grazziela Favarato*

O termo treinamento em suspensão refere-se a abordagem do treinamento de força onde sistema de cabos, fitas e ou correntes são utilizados de forma com que o praticante trabalhe contra seu próprio peso corporal, dificultando ou facilitando a execução dos exercícios de acordo com o posicionamento do corpo em relação a linha de gravidade. Para que isso ocorra os pés ou as mãos do praticante geralmente estão em apoiados por um único ponto do acessório, enquanto a extremidade oposta do corpo está em contato com o solo. Os exercícios têm características multiarticulares e multiplanares.

O objetivo da utilização do treinamento em suspensão é treinar força, resistência, coordenação, flexibilidade, potencia e estabilidade do core em variados níveis de resistência, atendendo aos objetivos do treinamento.

Os exercícios propostos com o treinamento em suspensão utilizam, portanto, a força da gravidade e o movimento do corpo para gerar respostas neuromusculares às mudanças na posição do corpo, integrando força e equilíbrio em um formato que exige mais do sistema nervoso em relação ao uso somente do peso corporal, proporcionando maiores benefícios como resultado do treinamento.

O grau de resistência encontrado pelos praticantes de treinamento em suspensão depende da manipulação da força gravitacional, geralmente expresso como uma percentagem de massa do corpo do utilizador. Embora existam vários tipos de acessórios de treinamento em suspensão, a maioria é constituída de fitas resistentes e ajustáveis, fixadas em pontos simples ou múltiplos acima da cabeça do praticante. Para acomodar os requisitos de resistência dos praticantes e do treinamento, as tiras são manipuladas por modificação de comprimento, ângulos de puxar, e posições do corpo. Dependendo do tipo de fita de suspensão, a extremidade final de cada tira geralmente acomoda um suporte para os pés (finca-pé) ou um suporte para as mãos (manopla).

Isto é importante porque o grau de resistência (carga) experimentada durante o exercício de resistência é o pilar da prescrição do exercício apropriado. Proporcionar resistência adequada durante o exercício resistido tem implicações multissistêmicas significativas para o corpo.

Da mesma forma, um aspecto essencial da prescrição eficaz de exercício para o praticante é a capacidade de manipular com precisão as cargas dependendo das necessidades ou nível de treinamento.

Com o uso dos acessórios para o treinamento em suspensão o corpo trabalha como uma unidade o tempo todo, uma vez que todos os exercícios recrutam o complexo formado pelos músculos do Core, a fim de manter uma postura adequada para a execução dos mesmos. Pelas fitas, ou cabos, serem livres o desafio de controle neuromuscular é intensificado com o aumento de amplitude de movimento, uma vez que várias articulações necessitam se ajustar para uma boa técnica de execução. Diferentemente da utilização de exercício de máquina convencionais de musculação com padrão fixo de movimento, onde usualmente o corpo fica apoiado em um banco e os membros em movimento tem pouco desafio de controle.

Alguns estudos visando a esclarecer a real contribuição do treinamento em suspensão para o nível de condicionamento dos praticantes, utilizando-se de eletromiografia, comprovaram haver um aumento significativo na ativação muscular de peitoral maior, deltoide anterior e tríceps braquial quando realizado o movimento de *push-up* (extensão de cotovelos ou, com nome de senso comum, flexão de braços) com fitas de suspensão em relação ao mesmo exercício realizado sobre o solo (tradicional). Para os autores, isso ocorreria em função de a superfície instável forçar o executante a recrutar os músculos estudados na função de estabilizadores das articulações de ombro e cotovelo.

Pesquisas realizadas com atletas de *handebol* e *softbol* avaliaram o desempenho atlético, o aumento da força muscular, e os padrões de ativação dos grupos musculares. Notavelmente a utilização do treinamento em suspensão resultou em melhora da velocidade, melhora da precisão do movimento, melhora de força do core, equilíbrio, e diminuição de dor nas costas.

O treinamento em suspensão é uma boa escolha tanto para melhora de condicionamento e *performance* quanto de reabilitação. O praticante pode manipular a resistência oferecida pela massa corporal alterando o ângulo em relação à linha da gravidade bem como a distância do ponto de fixação da fita de suspensão e a própria fita.

### Ajuste de intensidade

Os exercícios podem ser executados alterando a resistência (posição do corpo em relação a linha da gravidade), mudando a posição inicial em relação ao ponto de fixação da fita ou cabo (ancoragem) e ainda mudança na base de apoio (alterando a estabilidade) ou uma combinação destes para ajustar a intensidade ao objetivo do treino.

### Ângulo do corpo em relação a linha de gravidade

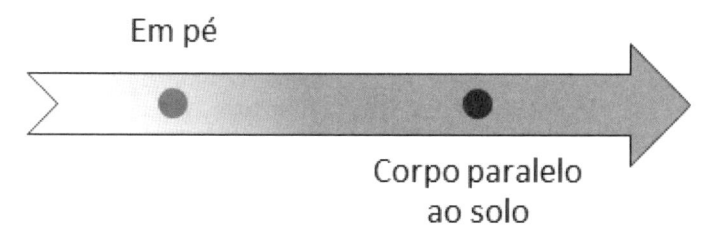

Em pé

Corpo paralelo
ao solo

Maior Intensidade

**Posição inicial em relação ao ponto de
fixação da fita ou cabo de ancoragem**

Linha neutra

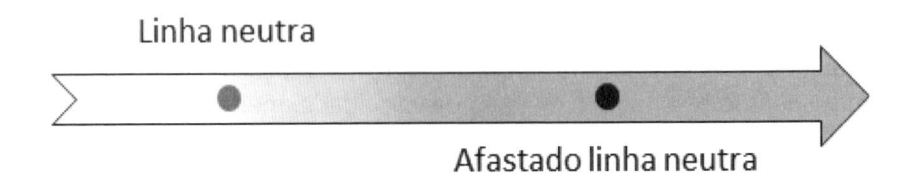

Afastado linha neutra

Maior intensidade

**Mudança na base de apoio**

Maior base
de apoio
Unilateral

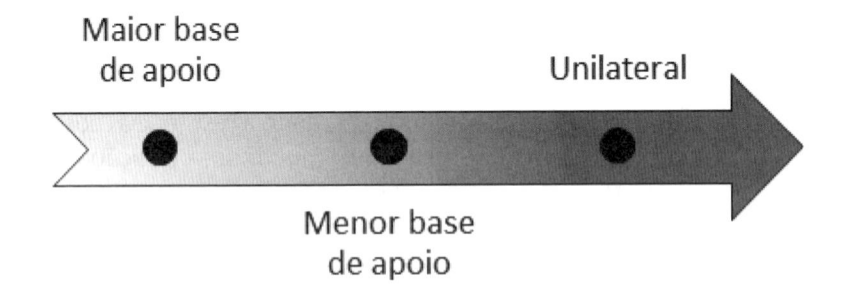

Menor base
de apoio

### AJUSTES DA FITA DE SUSPENSÃO

Para cada exercício é necessário ajustar a fita para que seja executada a melhor amplitude. São 3 tamanhos: curta, média e longa.

### Exercícios

Os exercícios a seguir sugeridos são realizados na fita de suspensão e seguem algumas orientações.

1. As posições em relação a fita podem ser:

1.1. Em pé, de costas para o ponto de fixação (ancoragem). (Figura 1)

1.2. Em pé, de frente para o ponto de fixação (ancoragem). (Figura 2)

1.3. Em pé, de lado para o ponto de fixação (ancoragem). (Figura 3)

1.4. Deitado ou suspenso em decúbito dorsal. (Figura 4)

1.5. Deitado ou suspenso em decúbito ventral. (Figura 5)

1.6. Deitado ou suspenso em decúbito lateral.

**Figura 1**

**Figura 2**

**Figura 3**

**Figura 4**

**Figura 5**

Todos os exercícios do treinamento em suspensão exigem ativação do Core para manutenção de postura e estabilização da coluna, evitando ao máximo desta forma movimentos de extensão e rotação da coluna.

Em recente estudo comparando o exercício de prancha convencional com o exercício de prancha executado com o apoio dos pés na fita de suspensão indicou que a ativação muscular abdominal foi maior na condição suspensa no que na condição com o apoio no solo.

## Exercícios

Todos os exercícios devem ser realizados com manutenção de postura, mantendo o alinhamento da coluna.

Uma estratégia para o alinhamento cervical é procurar fornecer ao praticante um ponto de referencia visual.

Durante a execução deve-se orientar ao praticante que as fitas precisam estar sempre tensionadas, para que os músculos permaneçam ativados evitando o relaxamento e, consequentemente, a eficiência do exercício.

Ao ajustar as fitas verifique se durante a execução do movimento as mesmas não entre em contato com o corpo do aluno, o que pode ocasionar leves escoriações devido ao contato das fitas de *nylon* com a pele.

### *EXTENSÃO DE COTOVELOS EM PÉ COM APOIO ANTEROPOSTERIOR*

A posição anteroposterior de membros inferiores nos exercícios em pé é uma forma de facilitar a execução.

### *Extensão de cotovelos em pé apoio unilateral (pés)*

Ajuste: fita longa

### *Extensão de cotovelos em pé apoio unilateral (mãos)*

Ajuste: fita longa

### *Crucifixo*

Ajuste: fita longa

### *EXTENSÃO COTOVELOS PÉS NA FITA*

Ajuste: fita longa

### *EXTENSÃO COTOVELOS E FLEXÃO QUADRIL PÉS NA FITA*

Ajuste: fita longa

### *R*EMADA *ABERTA*

Ajuste: fita curta

### *R*EMADA *FECHADA*

Ajuste: fita curta

### REMADA ABERTA APOIO UNILATERAL (MÃOS)

Ajuste: fita curta

### CRUCIFIXO INVERTIDO EM T

Ajuste: fita média

### CRUCIFIXO INVERTIDO EM I

Ajuste: fita média

### CRUCIFIXO EM Y

Ajuste: fita média

### *AGACHAMENTO*

Fita curta

Cotovelos ao lado das costelas na posição inicial.

### *AGACHAMENTO UNILATERAL*

Fita curta

### *Agachamento "pistol"*

Fita curta

### *Agachamento cruzado*

Fita curta

### AGACHAMENTO LATERAL

Fita curta

Os exercícios "Afundo, Agachamento cruzado e Agachamento lateral" podem ser executados de forma mais dinâmica através das passadas.

### AFUNDO PÉS NA FITA

Ajuste: fita longa

### Agachamento lateral pés na fita

Ajuste: fita longa

### Agachamento com salto

Ajuste: fita curta

Os exercícios de agachamento e afundo podem ser executados com saltos com o objetivo de melhora do equilíbrio dinâmico e, conforme *performance* do praticante, como meio de treinamento de potencia.

### *Rolagem de joelhos*

Ajuste: fita longa

### *Prancha suspensa em Decúbito ventral*

Ajuste: fita longa

### *Flexão de joelhos suspenso em decúbito ventral*

Ajuste: fita longa

### *Flexão de quadril suspenso em decúbito ventral*

Ajuste: fita longa

### *Flexão de joelhos em diagonal suspenso*

Ajuste: fita longa

### *Extensão de quadril em decúbito dorsal (joelhos estendidos)*

Ajuste: fita longa

### EXTENSÃO DE QUADRIL EM DECÚBITO DORSAL (JOELHOS FLEXIONADOS)

Ajuste: fita longa

### EXEMPLOS DE ROTINA DE TREINO

*INICIANTE*

**Sessão de treino única utilizando a fita de suspensão, frequência de 2 vezes por semana.**

*AQUECIMENTO*

1. Extensão de cotovelos em pé apoio anteroposterior.

2. Agachamento com fita suspensão.

3. Remada aberta.

4. Extensão de quadril em pé.

5. Rolagem em pé.

Repetições de 2 a 3 séries de 8 a 10, em ritmo moderado de execução, priorizando o controle postural durante todo o movimento para que o aluno melhore sua percepção corporal e possa progressivamente intensificar sua série modificando a posição do corpo em relação a linha da gravidade.

**Duas sessões de treino distintas utilizando a fita de suspensão, frequência de 4 vezes por semana, realizando consecutivamente e alternadamente as sessões.**

### Série A

*Aquecimento*

1. Agachamento com salto. 5 séries de 8-10 repetições. Ritmo rápido.

2. Agachamento 'Pistol'. 5 séries de 6 repetições. Ritmo lento.

3. Extensão de cotovelos pés na fita. 5 séries de 10 repetições. Ritmo moderado.

4. Crucifixo. 5 séries de 6 repetições. Ritmo lento.

5. Flexão de quadril suspenso em decúbito ventral. 4 séries de 6 repetições. Ritmo lento.

### Série B

*Aquecimento*

1. Remada Aberta. 5 séries de 10 repetições. Ritmo moderado.

2. Crucifixo invertido em T. 5 séries de 6 repetições. Ritmo lento.

3. Afundo pés na fita (aumentar amplitude de movimentação de quadril). 5 séries de 6 repetições. Ritmo lento.

4. Extensão de quadril e flexão de joelhos em decúbito dorsal. 5 séries de 8-10 repetições. Ritmo rápido.

5. Rotação corpo em pé. 4 séries de 6 repetições. Ritmo lento.

### *Referências bibliográficas*

BYRNE, J. M.; BISHOP, N. S.; CAINES, A. M.; CRANE, K. A.; FEAVER, A. M.; PEARCEY, G. E. P. Effect of using a suspension training system on muscle activation during the performance of a front plank exercise. *Journal of Strength & Conditioning Research,* v. 28, issue 11, p 3049–3055, nov. 2014.

DANNELLY, B. D.; OTEY, S. C.; CROY, T.; HARRISON, B.; RYNDERS, C. A. *et al.* The effectiveness of traditional and sling exercise strength training in women. *Journal of Strength and Conditioning Research*, 25, p. 464-471, 2011.

KRAEMER, W. J.; NINDL, B. C.; RATAMESS, N. A.; GOTSHALK, L. A.; VOLEK, J. S. *et al.* Changes in muscle hypertrophy in women with periodized resistance training. *Official Journal of the American College of Sports Medicine,* 36, p. 697-708, 2004.

KRAEMER, W. J.; RATAMESS, N. A. Fundamentals of resistance training: progression and exercise prescription. *Official Journal of the American College of Sports Medicine*, 36, p. 674-688, 2004.

MELROSE, D.; DAWES, J. Resistance characteristics of the trx™ suspension training system at different angles and distances from the hanging point. *Journal of Athletic Enhancement,* v. 4, 1, 2015.

MAY, J.; GRENIER, K.; HOPKINS, M.; JOHNSTON, K.; LANE, K.; LYNDE, C.; SLATEENGREN, K.; McCULLOCH, R. The effects of suspension training on *core and quadriceps muscle activation during a push-up. International Journal of Exercise Science: Conference Proceedings*, v. 8, iss. 2, art. 41, 2014.

PROKOPY, M. P.; INGERSOLL, C. D.; NORDENSCHILD, E.; KATCH, F. I.; GAESSER, G. A. *et al.* Closed-kinetic chain upper-body training improves throwing performance of NCAA Division I softball players. *Journal of Strength and Conditioning Research*, 22, p. 1790-1798, 2008.

SAETERBAKKEN, A. H.; VEN DEN TILLAAR, R.; SEILER, S. Effect of core stability training on throwing velocity in female handball players. *Journal of Strengh and Conditioning Research*, 25, p. 712-718, 2011.

SNAR, R. L.; ESCO, M. R. Electromyographic comparison of traditional and suspension push-ups. *Journal of Human Kinects,* 18, 39, p. 75–83, dec. 2013.

# KETTLEBELL

*FABIANO H. R. SOARES*

## INTRODUÇÃO

O *kettlebell* já era conhecido na antiga União Soviética desde os anos 1700 e usado como ferramenta de treino e demonstrações em praças e feiras. Chamado de *girya* em russo, sempre foi considerado sinônimo de força. Quem treinava com *kettlebells* era denominado *girevik*, "homem do *kettlebel*", ou *girevichka*, "mulher do *kettlebell*" (TSATSOULINE, 2006). A primeira competição oficial ocorreu em 1948 e alguns anos depois, por volta da década de 1970, se tornou um esporte muito popular, principalmente na Rússia, Ucrânia e em alguns estados Bálticos (TSATSOULINE, 2001). Foi introduzido nos Estados Unidos, em 1998, pelo preparador físico Pavel Tsatsouline e rapidamente ocupou lugar central como instrumento de treino para muitos atletas, desde o *Powerlifting* até MMA, passando pelas forças armadas e tropas de elite, tanto russas quanto americanas.

No universo do *kettlebell* a palavra chave é simplicidade. Ele é compacto, não é caro, virtualmente indestrutível e pode ser usado em qualquer lugar. Seu formato lembra uma bola de canhão com uma alça e é feito de ferro fundido, na maioria das vezes. Essa estrutura o torna um equipamento único, possuindo total flexibilidade e liberdade de movimentos.

Tratamos aqui de uma academia inteira na palma da mão, literalmente. Os treinos são rápidos, pela semelhança motora com levantamentos olímpicos, recrutando múltiplos grupos musculares em um único movimento funcional (O'HARA *et al.*, 2012). Embora seja considerado um equipamento não tradicional, os ganhos em força e potência são prontamente transferidos para outras modalidades (MANOCCHIA *et al.*, 2013). Mas com toda essa liberdade, o *kettlebell* trás consigo uma grande responsabilidade. Responsabilidade com a preparação corporal adequada, com a execução física perfeita e, principalmente, com a adequação dos movimentos e treinos aos praticantes de diversos níveis de experiência, necessidades e limitações.

Nesse capítulo tratamos do *kettlebell* como ferramenta de treino para todos os níveis de experiência esportiva. Falamos das principais normas de segurança, da escolha dos pesos iniciais e como evoluir na carga, dos exercícios de preparação corporal para o uso adequado e seguro e dos ensaios corporais necessários para dominarmos as posturas básicas dos principais exercícios. Apresentamos evidências do uso do *kettlebell* no treinamento funcional, no emagrecimento e no condicionamento cardiorrespiratório e neuromuscular e, finalmente, abordaremos a montagem de aulas e de programas de treinamento usando exclusivamente o *kettlebell*.

## 1. Evidências científicas sobre aplicação do Kettlebell

### 1.1. Kettlebell no treinamento funcional, desempenho esportivo e reabilitação

O que de fato caracteriza um exercício ou treino como funcional? Essa pergunta está no centro da avalanche de informações sobre Treinamento Funcional. Em 2015 o Prof. Dr. Filipe Dantas respondeu de maneira clara a essa pergunta afirmando que *"a funcionalidade de um exercício ou treinamento reside no fato dele conseguir melhorar aquilo que ele se propôs a melhorar"* (DANTAS; SOARES, 2015). Portanto, se a funcionalidade a ser devolvida, desenvolvida ou melhorada em um idoso for a de levantar sozinho de uma cadeira, por exemplo, o exercício de extensão dos joelhos na cadeira extensora será um exercício funcional para esse idoso.

O treino funcional jamais deve ser confundido com treino específico e deverá contribuir para o aperfeiçoamento de aptidões neuromusculares e cardiovasculares inerentes a Atividades da Vida Diária (AVDs) ou a gestos esportivos com foco no bem-estar, na saúde, na estética e no desempenho. Tudo isso através do desenvolvimento da força, resistência, estabilidade, controle e plasticidade neuromusculares por meio de tarefas integradas que requerem Aceleração, Desaceleração e Estabilização Dinâmica (ADED) (MONTEIRO; EVANGELISTA, 2012).

O desenvolvimento da região central do corpo, popularmente conhecida como região do *core*, está presente em todas as propostas de treino baseadas em funcionalidade. Representa um princípio de treinamento global no qual se julga primordial o fortalecimento e estabilização do centro do corpo como pré-requisito básico para desenvolvimento e melhoria da funcionalidade dos membros. Esse processo ocorre pela facilitação na produção, transferência e controle de forças geradas pelos movimentos dos membros e possibilita melhor controle das ADEDs no nosso corpo em qualquer ação em que esteja engajado (ZAZULAK *et al.*, 2007). Nesse contexto, tanto os exercícios bilaterais quanto os unilaterais do *kettlebell* produzem ganhos no condicionamento postural. Evidências apontam para o desenvolvimento de coordenação e controle postural por meio do desenvolvimento de força nos músculos eretores da espinha, nos músculos abdominais e lombares (JAY *et al.*, 2013; ANDERSEN *et al.*, 2015; LUKE *et al.*, 2015).

O uso do *kettlebell* como ferramenta para exercícios e treinos funcionais será caracterizado pela liberdade de movimentos que ele entrega, mas a escolha de movimentos deverá ser realizada tendo clareza do objetivo do exercício ou treino. Portanto, deveremos ser capazes de responder a duas perguntas primordiais:

> 1. Quais funcionalidades nós pretendemos devolver ou desenvolver em nosso aluno?

2. O treino estará focado no desenvolvimento de uma habilidade esportiva específica ou será voltado para AVDs?

No primeiro caso, a escolha do movimento para compor um treino dependerá do gesto motor e de suas especificidades (grupamento muscular envolvido, velocidade, amplitude, padrão de recrutamento, vias energéticas focais etc.) inerentes a cada modalidade esportiva. No segundo caso, a montagem de treinos deverá contemplar os sete movimentos básicos do corpo humano, regularmente usados nas AVDs, quais sejam: empurrar, puxar, dobradiça, agachamentos, carregamento de pesos, rotações e contrarrotações de tronco.

Agora, quando falamos em desempenho esportivo, o uso do *kettlebell* pode englobar tanto movimentos específicos do esporte quanto capacidades físicas gerais que melhorem o desempenho esportivo (LAKE; LAUDER, 2012b; MANOCCHIA *et al.*, 2013). Força dinâmica máxima, por exemplo. Embora o treinamento contrarresistido específico pareça mais eficiente, o treinamento periodizado com *kettlebell* produz resultados importantes (OTTO *et al.*, 2012). Seis semanas de treinamento com kettlebell (12 minutos com 12 séries de 30 segundos de Balanço bilateral por 30 segundos de descanso, com cargas relativas ao peso corporal, duas vezes pode semana) são suficientes para melhorar a força dinâmica máxima em 10% e força explosiva em quase 20% para membros inferiores, representando uma alternativa útil quando forem necessárias variações de métodos de treino para atletas de alto rendimento (LAKE; LAUDER, 2012a).

O que é único no *kettlebell* é que sua forma, natureza e liberdade de movimentos oferecerão desafios biomecânicos que o nosso corpo terá que aprender a superar. Assim, além do desenvolvimento de força e resistência, o *kettlebell* será a ferramenta ideal para desenvolver controle e estabilidade por meio das forças instáveis características de seu uso (LIEBENSON, 2011). O resultado será a melhoria na qualidade e controle dos sete movimentos básicos ou de gestos motores específicos para incremento das AVDs ou do desempenho esportivo, respectivamente.

Na reabilitação e na prevenção de lesões as vantagens do *kettlebell* também são inúmeras. Por exemplo, a ativação da musculatura posterior da coxa (principalmente, bíceps femoral), durante o Balanço e a Inclinação Frontal, representa importante estratégia de prevenção e reabilitação de lesões desencadeadas por rotações externas ou *valgo* dinâmico na articulação do joelho em situações do esporte (ZEBIS *et al.*, 2013). Além disso, a melhoria na coordenação e na reação postural devido ao treinamento com *kettlebell* representa proteção e possibilidade terapêutica para distúrbios osteomioarticulares em membros superiores e coluna cervical, comumente encontrados em atividades relacionadas ao trabalho repetitivo (JAY *et al.*, 2011). Por fim, a utilização do *kettlebell* pode abranger a Fase II (fase subaguda e de reparo) e a Fase III (fase de maturação e remodelagem) do processo de reabilitação motora quando são necessários exercícios de força e de potência de caráter terapêutico (BRUMITT *et al.*, 2010). Exercícios como o Balanço, Inclinação Frontal, Agachamentos e Avanços bi e unilaterais são largamente usados em reabilitação de atletas e esportistas e podem ser executados com o *kettlebell* como resistência externa.

## 2. Kettlebell *no emagrecimento e condicionamento cardiovascular*

Sempre que alguém procura um programa ou estratégia de treinamento busca aquele que ofereça os melhores ganhos no menor prazo possível. Acabam, portanto, buscando novidades, dicas e promessas, principalmente aquelas de melhoria tanto da capacidade neuromuscular quanto da capacidade cardiovascular no mesmo treino. No entanto, devemos tomar cuidado com modalidades que prometem gastos energéticos fantasiosos ou melhoria da capacidade aeróbica, usando como justificativa uma elevação da Frequência Cardíaca (FC) durante os treinos, muitas vezes atingindo níveis preconizados para melhoria do condicionamento cardiovascular, mas sem de fato estimular essa capacidade diretamente.

Existe um fenômeno fisiológico que explica o aumento da FC de forma desproporcional ao consumo de oxigênio durante os treinos contrarresistidos composto por três mecanismos: a) uma tentativa do sistema nervoso central de adequar a FC e a pressão arterial (PA) aos níveis de impulsos elétricos recebidos pelos músculos engajados no movimento; b) a compressão dos vasos sanguíneos durante contração muscular inibe o fluxo sanguíneo provocando um reflexo nervoso que causa um aumento na FC e na PA que não está necessariamente ligado a demanda energética do músculo em ação; c) a vasoconstricção que ocorre também em músculos que não estão envolvidos na ação motora induz a redução do volume sistólico, causando aumento da FC (PORCARI; CURTIS, 1996).

Muito embora esse fenômeno possa influenciar as respostas fisiológicas ao treino com *kettlebell*, um crescente corpo de evidências aponta para as vantagens do seu uso para emagrecimento e melhoria do condicionamento cardiorrespiratório (FARRAR *et al.*, 2010). As respostas fisiológicas agudas a um protocolo de treino intervalado usando o *kettlebell* evidenciam vantagens no consumo máximo de oxigênio, no coeficiente de trocas gasosas e no gasto energético total quando comparado com treinamento intervalado de alta intensidade baseado em *sprints* de 30 segundos por 2, 5 a 4 minutos de intervalo em ciclo ergômetro (WILLIAMS; KRAEMER, 2015).

Não só adaptações agudas como também adaptações crônicas ao treinamento com *kettlebell* parecem vantajosas. Quatro semanas de treinamento intervalado com *kettlebell* (20 minutos de treino com intervalos de 15 segundos realizando *Snatches* e 15 segundos de descanso) são suficientes para melhorar a capacidade aeróbica de atletas em 6% (FALATIC *et al.*, 2015). Falando em alto rendimento, esse ganho é bem expressivo.

Quanto a alterações na composição corporal, são observadas adaptações hormonais agudas (elevação das concentrações pós-treino de testosterona e IGF-1) que podem influenciar no ganho de massa magra, mesmo em quem já prática treinamento resistido (BUDNAR *et al.*, 2014). Outras evidências apontam para emagrecimento e redução de risco para doenças metabólicas com redução dos níveis de glicose sérica em jejum, massa corporal, massa gordurosa e circunferência da cintura após 10 semanas de treinamento com *kettlebel* (MORENO, 2011). Ainda, existem evidências de que treinos montados exclusivamente com *kettlebell* podem acarretar adaptações semelhantes ao treinamento com intensidade de moderada a intensa, em esteira ergométrica, modelo largamente usado na prescrição de treinos para saúde e condicionamento físico (HULSEY *et al.*, 2012; THOMAS *et al.*, 2014).

É possível encontrar nessas e em outras fontes informações suficientes para embasar cientificamente o uso do *kettlebell* nas rotinas de condicionamento físico para saúde, estética e desempenho esportivo. Mas o processo de atualização de evidências continua e, a cada ano, novos estudos são publicados sobre os efeitos agudos e crônicos do treinamento com *kettlebell*. Mas, para que seu emprego nas rotinas de treino seja possível, é de extrema importância dar atenção às normas de segurança, à escolha de cargas e à preparação corporal antes de submeter nossos alunos aos treinos com *kettlebell*.

### 3. NORMAS DE SEGURANÇA E CUIDADOS INICIAIS

Como todas as modalidades e equipamentos para treino, o *kettlebell* requer que tomemos uma série de cuidados especiais. Devemos respeitar o *kettlebell* e sua prática. O aparelho em si não machuca e nem causa lesões, é o seu mau uso por pessoas desinformadas (alunos e professores) que geram lesões.

Abaixo fornecemos uma lista, adaptada de Pavel Tsatsouline, contendo os principais cuidados para uma prática segura (TSATSOULINE, 2013):

I. Faça uma avaliação física e funcional, além de avaliação médica com um ortopedista e com um cardiologista, principalmente se tiver histórico de problemas nessas áreas;

II. Encontre um espaço com piso antiderrapante em que você possa treinar e apoiar o *kettlebell*;

III. Sempre esteja atento ao que está ao seu redor. Evite ficar perto de pessoas, animais ou objetos que possam ser atingidos durante os exercícios;

IV. Treine descalço[1] ou use calçados com um solado fino e reto e com espaço para seus dedos se espalharem;

---

(1) Treinar descalço trás vantagens no desempenho e no equilíbrio, pois possuímos milhares de receptores na planta de nossos pés que ajudam no equilíbrio e coordenação. Usar tênis comuns reduz a atuação desses receptores reduzindo assim nossa propriocepção, principalmente nos exercícios balísticos.

V. Nunca dispute espaço com seu *kettlebell*, pois ele sempre ganha;

VI. Nunca tente concertar uma repetição mal feita, apenas guie seu *kettlebell* de volta para o chão e se mova com cuidado. Aqui, pés rápidos são pés felizes;

VII. Pratique as medidas de segurança sempre. Respeite todos os *kettlebells*, mesmo os mais leves, e sempre execute perfeitamente os movimentos de pegar e soltar o *kettlebell*. Lembre-se de que uma série não está terminada até que o *kettlebell* esteja devidamente estacionado no chão;

VIII. Mantenha-se em movimento caso sua frequência cardíaca aumente muito. Ao final de uma séria difícil caminhe e realize movimentos leves de soltura para ajudar o coração a bombear o sangue e reduzir a frequência cardíaca mais rapidamente. Evite ficar parado em pé ou mesmo sentado;

IX. Evite exercícios de alongamento com flexões de coluna a frente durante e logo depois do treino. Como todos os exercícios com *kettlebell* usam a musculatura paravertebral como estabilizadora do tronco de uma maneira nunca antes experimentada, torna-se arriscado exigir alongamentos intensos desses músculos em dias de treino pesado;

X. Foque na qualidade e não na quantidade. O controle motor decai em qualidade rapidamente com a fadiga. Se você sentir que não consegue mais continuar com execuções físicas perfeitas, termine o treino.

É claro que essas instruções não cobrem todas as possibilidades e riscos. Por isso, seja cauteloso em sua prática e acima de tudo preze sempre pela execução física perfeita na sua prática e com seus alunos.

## 4. ESCOLHA DOS PESOS INICIAIS E EVOLUÇÃO DE CARGA

Escolher bons *kettlebells* é como escolher bons móveis para nossa casa, eles passarão para seus filhos e netos se forem bem cuidados. Escolha os de ferro fundido e com alças lisas, pois são os mais resistentes e são os melhores para evitar calos nas mãos.

Agora, para escolha dos pesos iniciais e ideais não existem segredos. Mulheres e homens devem iniciar sua prática com *kettlebells* de 16 kg e 8 kg, respectivamente. Escolher esses pesos iniciais pode parecer arriscado, mas é pela natureza dos movimentos que essa escolha será possível. Lembre-se de que o *kettlebell* não será usado como um halter e nem tem a mesma estrutura ou natureza dinâmica.

As mulheres precisarão de um maior número de *kettlebells* para evoluir nos treinos do que os homens devido às diferenças observadas na força relativa entre membros superiores e inferiores. No entanto, conhecer seu estado atual de condicionamento, seus limites e sentir como seu corpo evolui durante os treinos tornará mais fácil encontrar o peso mais adequado. Lembrando-se do item X da lista de cuidados, foque na perfeição da execução física em cada repetição. Não vale a pena sacrificar a qualidade de uma única repetição apenas para aumentar a carga de treino. Isso torna você e, ainda mais grave, seus alunos, expostos a uma lesão que fatalmente ocorrerá se esse comportamento persistir.

Abaixo apresentamos as cargas para homens e mulheres dos pesos iniciais e dos pesos que logo serão necessários:

### Quadro 1 — Cargas iniciais e evolução para homens e mulheres

| Público | Precisa agora | Precisará em breve |
|---|---|---|
| Mulheres iniciantes a intermediárias | 8 a 16 kg | 20 a 24 kg |
| Mulheres avançadas (fortes) | 12 a 20 kg | 24 kg |
| Homens iniciantes a intermediários | 14 a 20 kg | 24 kg |
| Homens avançados (fortes) | 24 a 28 kg | 32 kg |

O objetivo para mulheres será dominar 16 kg para Levantamento Turco e 24 kg para o Balanço duplo, por exemplo. Enquanto que para os homens a meta será atingir 32 kg para os mesmos movimentos. Claro que para movimentos mais específicos, como *Snatch* ou Desenvolvimento unilateral, o peso deverá ser adaptado à mecânica e ao grupo muscular exigido. Esses valores parecem elevados, mas são perfeitamente alcançáveis, e ao atingir a execução física perfeita dos movimentos, com esses pesos, qualquer praticante já terá experimentado grandes mudanças no seu condicionamento físico e na sua composição corporal, qualquer que seja sua modalidade específica ou objetivo geral.

### 5. Preparação corporal e postural para o Kettlebell

A qualidade na execução dos principais movimentos usados no *kettlebell* é devida, principalmente, à liberação e controle proprioceptivo das articulações do quadril e dos ombros. Essa liberação será resultado de exercícios passivos de flexibilidade e mobilidade articulares, como os alongamentos mostrados nas Figuras 1 e 2 e nos ativos, como os agachamentos com mobilidade de tronco e giros ao redor da cabeça (Figuras 3 e 4). Quanto ao controle proprioceptivo, os exercícios para desenvolver o "empacotamento" dos ombros e uma eficiente ação de dobradiça no quadril são necessários (Figuras 5 e 6).

**Figura 1 — Preparação da amplitude articular do quadril (adutores)**

Devemos salientar que os mesmos exercícios que usamos para melhorar a amplitude dos movimentos articulares do quadril e dos ombros serão usados também na fase de Aquecimento Específico das sessões de treino (ver item 7 nesse capítulo).

**Figura 2 — Preparação da amplitude articular do quadril (abdutores)**

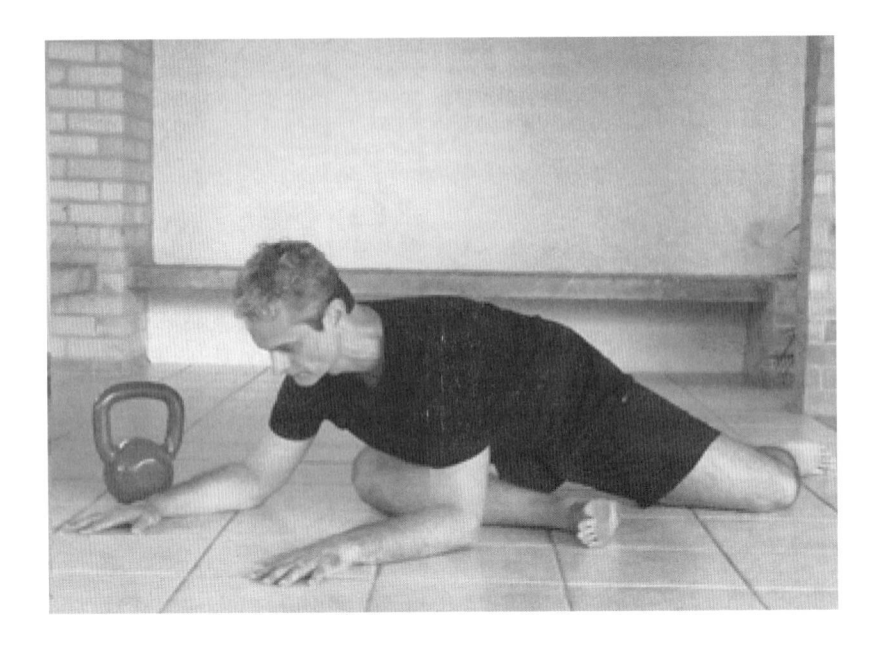

Os exercícios de preparação corporal deverão ser realizados pelo menos três vezes por semana com uma ênfase na intensidade e quantidade de repetições maior do que as usadas como aquecimento específico. Sugerimos que os exercícios estáticos sejam realizados nos dias alternados aos dias de treino da seguinte maneira: três séries de 20 a 30 segundos em cada posição três vezes por semana (se treinar todos os dias realize essa sessão nos dias de treinos menos intensos ou em outros horários do dia). Já os exercícios de preparação postural deverão ser realizados todos os dias (entre 6 a 8 repetições) até que a postura adequada esteja automatizada. Como todos os exercícios dos treinos exigem posturas corretas, esse conhecimento se solidificará com a prática.

**Figura 3 — Exercício de mobilidade de quadril e tronco**

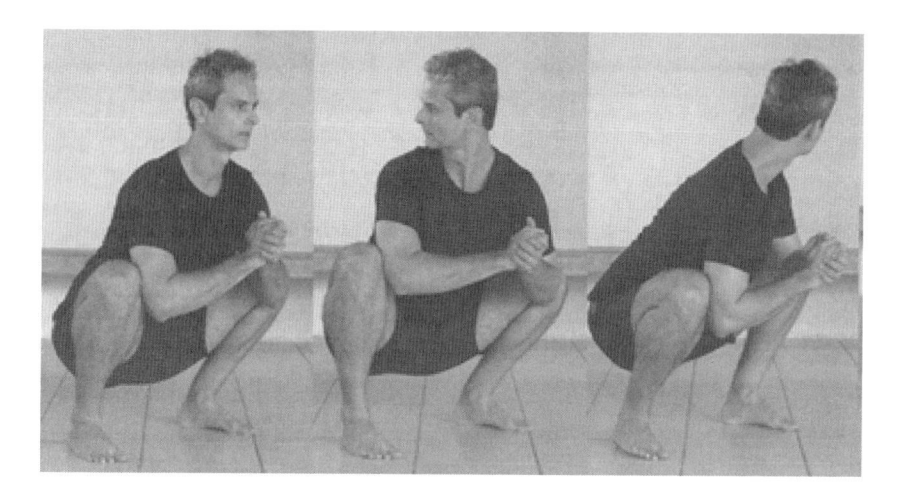

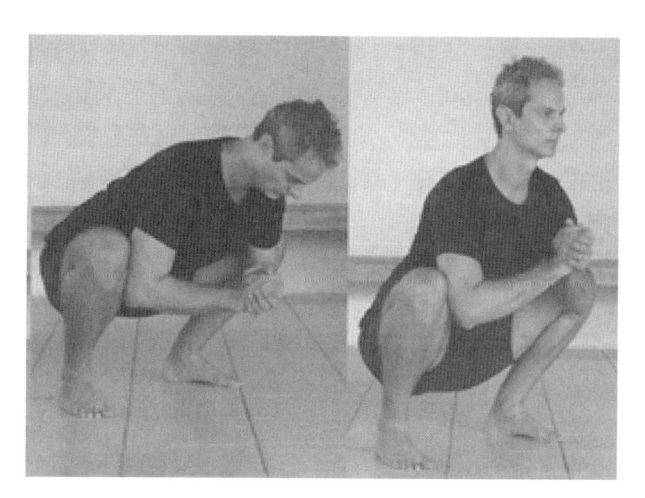

## Figura 4 — Exercício de mobilidade articular para cintura escapular

## Figura 5 — "Empacotamento" dos ombros

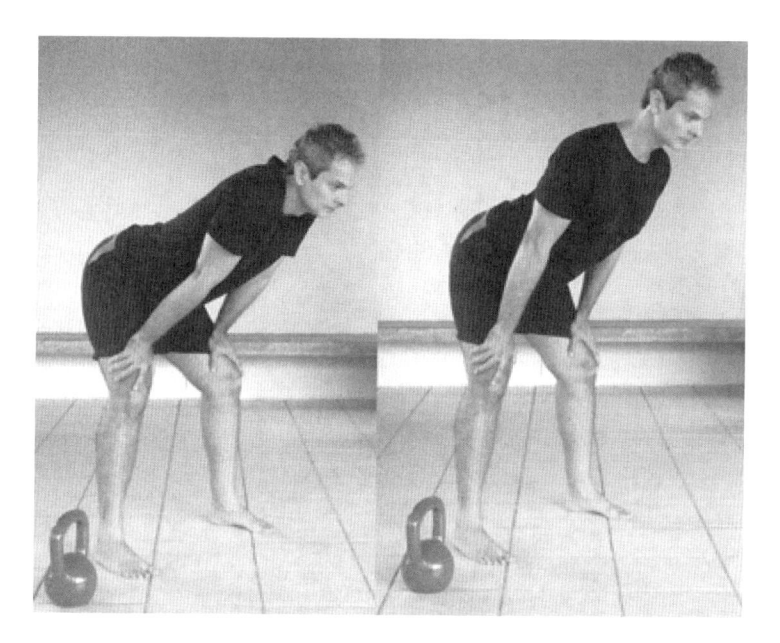

**Figura 6 — Exercício preparatório para a dobradiça do quadril**

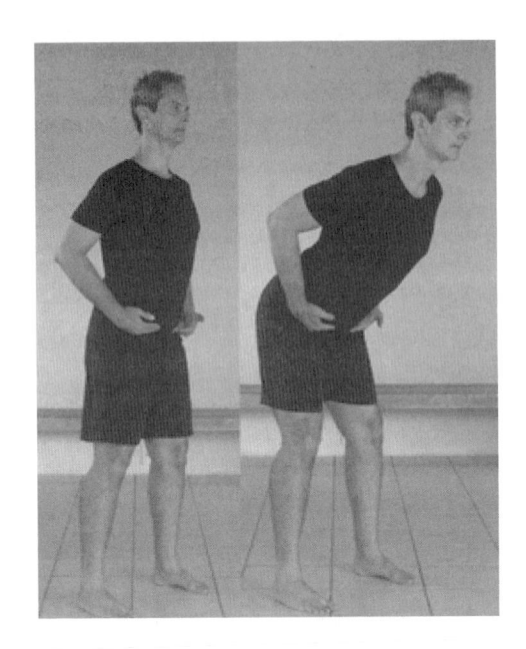

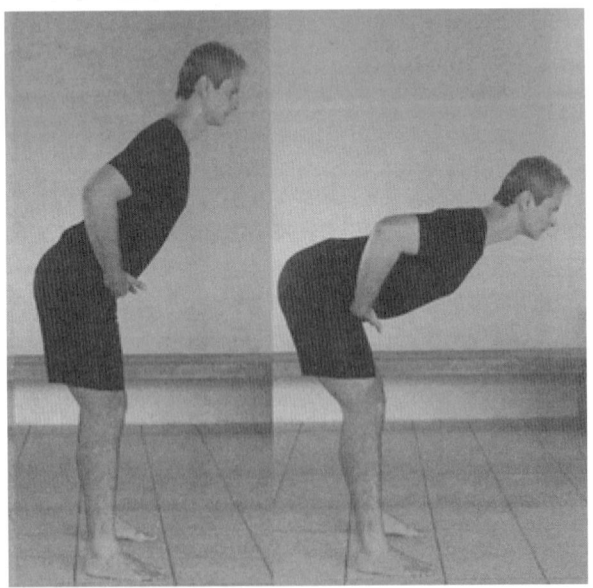

## 6. Principais exercícios

Como já foi mencionado, o *kettlebell* possui total liberdade de movimentos e consequentemente muitos exercícios poderão ser realizados com ele. Foge do escopo desse livro esgotar as possibilidades de exercícios. Portanto, abordaremos apenas os exercícios mais básicos e que jamais devem ficar de fora de um programa de treinamento com *kettlebell*.

A descrição de cada exercício engloba cinco fatores: o foco do exercício, a posição inicial, a trajetória (corporal e do *kettlebell*), as principais ações musculares e os alinhamentos corporais esperados para uma boa execução.

A posição inicial de todos os exercícios feitos em pé é uma só, a exceção fica com o levantamento turco que é o único exercício que parte da posição supinada no solo. Os exercícios de agachamento frontal, desenvolvimento, balanço, *clean* e *snatch* compartilham a mesma posição inicial, contendo apenas algumas pequenas alterações.

A descrição da posição básica, comum a todos os exercícios feitos em pé, é a seguinte (Figura 7): os pés estão afastados na mesma largura dos ombros ou um pouco mais abertos, os pés apontam ligeiramente para fora, calcanhares e dedos plantados no chão e joelhos na mesma direção do *hálux*. O *kettlebell* está posicionado no chão alguns centímetros à frente da linha dos dedos dos pés. O tronco está inclinado à frente mantendo a coluna neutra (curvas fisiológicas preservadas), as mãos estão na alça do *kettlebell* que está levemente inclinado em sua direção, o pescoço levemente estendido ou neutro. Os ombros estão "empacotados".

### 6.1. Levantamento turco

Nenhum outro exercício existente exercita tanto a estabilidade e a mobilidade articular do ombro quanto o Levantamento Turco (Figura 8). Aprendendo esse movimento você ensinará seu corpo a estabilizar pesos acima da cabeça enquanto se movimenta entre várias posições e planos. Lembre-se, fortalecer a musculatura estabilizadora é pré-requisito para desenvolver força dinâmica máxima. A descrição abaixo exemplifica um Levantamento iniciando com o lado direito.

**Figura 8 — Levantamento Turco com a opção de ponte antes de puxar o joelho**

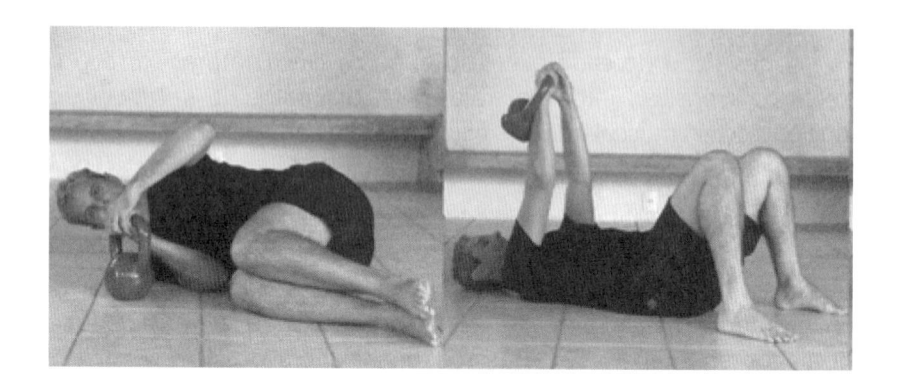

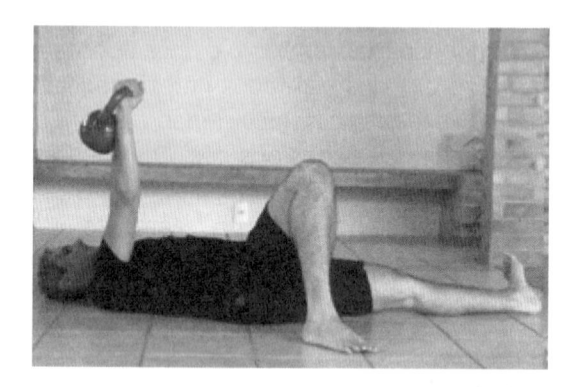

**Foco** — estabilização dinâmica.

**Posição Inicial** — posição "fetal" de frente para o *kettlebell*. A mão do lado direito deve pegar a alça por baixo e a esquerda por cima. Role sobre seu tronco até decúbito dorsal e empurre o *kettlebell* para cima. O braço esquerdo é estendido no chão com a palma da mão para baixo formando um ângulo entre 45° e 60° com o tronco, a perna do mesmo lado assume a mesma posição e ângulo. Mantenha estendido o braço com *kettlebell* o mais reto e alinhado com o ombro possível. Flexione o joelho direito apoiando toda a planta do pé no chão. Esse pé jamais sairá do lugar durante o movimento.

**Trajetória** — inicie o movimento projetando o peito para o alto, com ênfase no ombro direito (excelente exercício para o abdômen) e apoie-se sobre o cotovelo esquerdo procurando formar uma linha reta entre esse cotovelo e o *kettlebell*, mantendo a coluna reta. Agora, estenda o cotovelo esquerdo projetando ainda mais o peito para o alto. Nesse ponto, você pode realizar uma ponte, projetando o quadril para o alto e contraindo toda cadeia muscular posterior do corpo (fase opcional, mas muito importante). Após a ponte, puxe a perna esquerda para trás e ajoelhe. Agora uma linha reta existe entre as duas mãos. Tire a mão esquerda do chão formando um afundo completo. Estenda os joelhos até posição em pé e puxe a perna de trás para uma posição paralela com afastamento na largura dos ombros. Nesse ponto, no topo do movimento, os joelhos travam e a coluna permanece neutra. Jamais hiperestenda a coluna. Reverta a sequência de movimentos até posição fetal e troque de lado.

**Ações musculares** — ativação dos músculos estabilizadores do ombro, do quadril e da coluna. Controle dinâmico dos músculos abdominais e estabilizadores o tronco durante toda trajetória, músculos respiratórios engajados na respiração por trás da parede abdominal[2].

**Alinhamentos articulares** — o cotovelo do lado direito permanece estendido durante todo movimento, o punho permanece neutro. Os

---

[2] Com a musculatura abdominal fortemente ativada, puxando o umbigo em direção à coluna, respiramos usando a musculatura intercostal para expandir o tórax e facilitar a ação diafragmática.

ombros sempre "empacotados", longe das orelhas. O tronco permanece reto e a coluna neutra em todas as fases do movimento. O corpo todo forma uma linha reta no topo, com o braço direito travado para cima e alinhado com o ouvido direito. O olhar permanece direcionado para o *kettlebell* do chão até o início do afundo, daí até posição em pé olhamos para frente. No retorno para a posição inicial, olhamos novamente para o *kettlebell* assim que o joelho tocar o chão.

### 6.2. AGACHAMENTO FRONTAL UM OU DOIS *KETTLEBELLS*

Treine o agachamento frontal com *kettlebell* e aprenderá da melhor forma como "pressurizar" o abdômen e desenvolver a flexibilidade do quadril, além de fortalecer suas pernas, obviamente. O Agachamento Frontal (Figura 9) pode ser feito segurando um *kettlebell* com ambas as mãos (pela alça), com um *kettlebell* seguro por uma mão (séries alternadas) ou ainda com dois *kettlebells*, um em cada mão. Para uma execução perfeita do Agachamento Frontal, é muito importante adquirir amplitude articular no quadril com os exercícios preparatórios (item 7.5). Isso irá proteger a região lombar da coluna.

**Figura 9 — Duas versões do agachamento frontal**

**Foco** — força dinâmica, estabilização dinâmica e amplitude de movimento.

**Posição Inicial** — partindo da posição inicial, realize a primeira metade do *Clean* (item 6.5) até posicionar o *kettlebell* junto ao tronco. Nessa posição, os punhos devem estar à frente das clavículas e abaixo da linha o queixo, os cotovelos fechados nas costelas.

**Trajetória** — o *kettlebell* deve permanecer junto ao tronco durante todo o agachamento. Desça o quadril abaixo da linha dos joelhos mantendo o peso do corpo sobre os calcanhares e retorne á posição inicial. Durante o retorno, o quadril sobe na mesma velocidade dos ombros. Após as repetições planejadas, estacionamos o *kettlebell* no mesmo ponto à frente dos pés.

**Ações musculares** — ativação dos músculos estabilizadores do quadril e da coluna. Contração dinâmica dos músculos extensores do quadril e dos joelhos. Controle dinâmico dos músculos abdominais e estabilizadores o tronco durante toda trajetória, músculos respiratórios engajados na respiração por trás da parede abdominal.

**Alinhamentos articulares** — o *kettlebell*, os cotovelos e o tronco formam uma unidade compacta no início do movimento. Os ombros devem ser pressionados para baixo e os punhos permanecem neutros. A coluna permanece neutra durante todo o movimento. Os joelhos são flexionados na mesma linha dos pés e o quadril é levado para trás. Os joelhos e o quadril se estendem completamente no topo do agachamento.

## 6.3. Desenvolvimento duplo e simples

Não há forma melhor de testar os níveis de força de um praticante de *kettlebell* do que um Desenvolvimento bem feito (Figura 10). Formar uma base forte com o corpo inteiro é a forma mais eficiente de desenvolver a habilidade de levantar grandes pesos acima da cabeça.

## Figura 10 — Desenvolvimento unilateral

**Foco** — força dinâmica e estabilização.

**Posição Inicial** — a partir da posição inicial, realize a metade inicial do *Clean* (item 6.5) até posicionar o *kettlebell* junto ao tronco. Nessa posição, os punhos devem estar à frente das clavículas e abaixo da linha o queixo, os cotovelos fechados nas costelas.

**Trajetória** — o *kettlebell* deve permanecer junto ao tronco por um segundo antes de ser pressionado para o alto. Inicie o movimento como em um Desenvolvimento "Arnold", abduzindo levemente o ombro enquanto estende o cotovelo para cima, mantenha os joelhos travados, o abdômen contraído e o pescoço neutro. O cotovelo é estendido totalmente alinhado com o ouvido e há uma pausa antes do retorno. Evite inclinação do tronco para trás. Retorne a posição inicial com pausa de um segundo antes da próxima repetição. Após as repetições planejadas, estacionamos o *kettlebell* no mesmo ponto à frente dos pés.

**Ações musculares** — ativação dos músculos estabilizadores do ombro, do quadril e da coluna. Contração dinâmica do deltoide e do tríceps. Controle dinâmico dos músculos abdominais e estabilizadores do tronco durante toda trajetória, músculos respiratórios engajados na respiração por trás da parede abdominal.

**Alinhamentos articulares** — o *kettlebell*, o cotovelo e o tronco formam uma unidade compacta no início do movimento. Os ombros devem ser pressionados para baixo e o punho permanece neutro. O corpo todo forma uma linha reta durante o Desenvolvimento. O antebraço permanece na vertical. No topo do movimento o braço, totalmente estendido, alinha com o ouvido.

### 6.4. Balanço duplo e simples

O Balanço (*Swing*) é um movimento básico em qualquer rotina de treino com *kettlebell*. Dominando a técnica do Balanço, você estará a um passo de dominar as outras técnicas balísticas com *kettlebell*. Ele pode ser realizado com um ou com dois *kettlebells*. Ao realizarmos o balanço com os dois braços (Balanço duplo, Figura 11), estamos dando ênfase na aceleração e desaceleração, já com um braço (Balanço simples, Figura 12) acentua a estabilização dinâmica. A descrição a baixo deve ser usada na execução dos dois tipos de balanço:

## Figura 11 — Balanço Duplo

**Foco** — Aceleração e desaceleração (duplo), estabilização dinâmica (simples).

**Posição Inicial** — partindo da posição inicial, inicie um balanço para trás.

**Trajetória** — ao atingir a altura máxima do chão atrás do quadril, o *kettlebell* será balançado pra frente. As alças do *kettlebell* passam acima da linha dos joelhos. O movimento continua até a altura dos ombros, no topo do balanço, quando o *kettlebell* se torna uma extensão do braço e flutua momentaneamente. Após as repetições planejadas, estacionamos o *kettlebell* no mesmo ponto à frente dos pés.

**Ações musculares** — ativação dos músculos estabilizadores do ombro, contração explosiva dos músculos abdominais e dos glúteos no topo do balanço, contração explosiva dos músculos respiratórios envolvidos na respiração biomecânica[3].

**Alinhamentos articulares** — os braços permanecem estendidos durante todo movimento (uma leve flexão dos cotovelos é aceitável). Os joelhos não ultrapassam o meio do pé na base do balanço. O corpo todo forma uma linha reta no topo do balanço. Quadril e joelhos se estendem completamente e a coluna permanece neutra.

---

(3) A inspiração se inicia na fase excêntrica do movimento (inspirar por trás da parede abdominal), na fase concêntrica, acompanhar a trajetória com uma expiração controlada e no topo expulsar o ar como em um *kiai* sonorizando um "S" curto e forte.

## Figura 12 — Balanço Simples

## 6.5. *Clean* DUPLO E SIMPLES

Simples e direto, é a melhor forma de descrever o *Clean* (Figura 12). Lembre-se de que seu *Clean* será tão bom quanto for seu Agachamento Frontal.

**Foco** — Aceleração e desaceleração (duplo), estabilização dinâmica (simples).

**Posição Inicial** — partindo da posição inicial, inicie um balanço para trás.

***Trajetória* do *kettlebell*** — ao atingir a altura máxima do chão atrás do quadril, o *kettlebell* será balançado pra frente. A alça do *kettlebell* passa acima dos joelhos. O *kettlebell* viajará a menor distância possível e bem próximo ao tronco e, com a flexão do cotovelo, será trazido em direção ao tronco onde estacionará em contato com os antebraços e com o deltoide, sem impacto. O retorno será um movimento solto, mas controlado na mesma trajetória da subida. Após as repetições planejadas, estacionamos o *kettlebell* no mesmo ponto à frente dos pés.

**Ações musculares** — ativação dos músculos estabilizadores do ombro, contração explosiva dos músculos abdominais e dos glúteos no topo do *Clean*, contração dinâmica dos flexores do cotovelo e contração explosiva dos músculos respiratórios envolvidos na respiração biomecânica.

**Alinhamentos articulares** — o braço permanece estendido quando o *kettlebell* for lançado para trás. Os joelhos não ultrapassam o meio do pé na base do balanço. No topo do movimento, o *kettlebell*, os cotovelos e o tronco formam uma unidade compacta. Os ombros devem ser pressionados para baixo e o punho permanece neutro. O corpo todo forma uma linha reta no topo do balanço. Quadril e joelhos se estendem completamente e a coluna permanece neutra.

Figura 13 — *Clean* unilateral

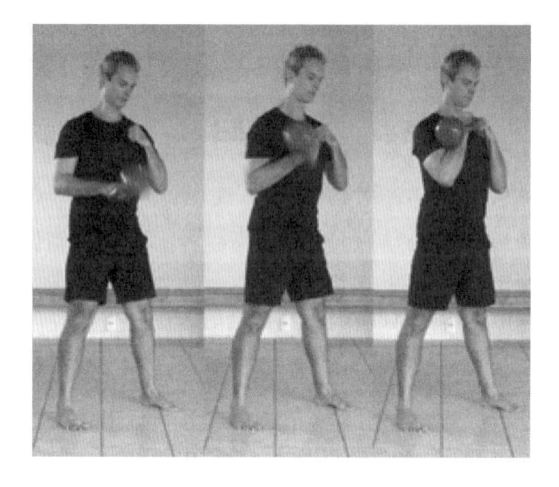

### 6.6. SNATCH DUPLO E SIMPLES

O *Snatch* (Figura 13) tem o potencial de construir costas, ombros, quadris e punhos estáveis e fortes, além de possuir capacidade de desenvolver a resistência cardiorrespiratória.

**Foco** — Aceleração, desaceleração e estabilização dinâmica.

**Posição Inicial** — partindo da posição inicial, inicie um balanço para trás.

**Trajetória** — ao atingir a altura máxima do chão atrás do quadril, o *kettlebell* será balançado pra frente. A alça do *kettlebell* passa acima dos joelhos. O *Snatch* segue em um movimento contínuo e explosivo até a extensão total do ombro e uma leve flexão do cotovelo pode ser necessária na subida. No topo do movimento, o *kettlebell* deve ser lançado para trás do antebraço sem impacto e sem extensão exagerada do punho. Reverta o movimento com uma descida descontraída, mas controlada. Ao final das repetições planejadas, estacionamos o *kettlebell* no mesmo ponto à frente dos pés.

**Ações musculares** — ativação dos músculos estabilizadores e extensores do ombro, contração explosiva dos músculos abdominais e dos glúteos no topo do *Snatch*, contração explosiva dos músculos respiratórios envolvidos na respiração biomecânica.

**Alinhamentos articulares** — o braço permanece estendido quando o *kettlebell* for lançado para trás. Os joelhos não ultrapassam o meio do pé na fase do balanço. O corpo todo forma uma linha reta no topo do *Snatch* e estaciona por um segundo, o braço está na mesma linha ou um pouco atrás da cabeça e o punho neutro. Quadril e joelhos se estendem completamente e a coluna permanece neutra.

**Figura 14 — *Snatch* unilateral**

## 7. Montagem de sessões e programas de treino com kettlebell

A montagem de uma sessão de treino deverá obedecer às mesmas regras de qualquer treino contrarresistido: aquecimento geral, aquecimento específico, parte principal e volta à calma. O aquecimento geral é livre, dura entre 10 e 15 minutos e depende apenas do gosto do praticante e disponibilidade de tempo. Pode incluir ergometria ou atividades de pista ou campo (corrida leve, bicicleta ergométrica, remo ergométrico etc.). Já o aquecimento específico deve conter os seguintes exercícios: agachamento frontal com peso leve e giros ao redor da cabeça. A parte principal será adaptada ao objetivo do treino e a volta a calma deve conter exercícios de soltura, relaxamento ou aeróbico contínuo.

### 7.1. TREINOS DE *ENDURANCE*

Para o desenvolvimento de resistência, ou *endurance*, geral os treinos deverão ser contínuos mantendo a frequência em quatro sessões por semana e variando apenas o volume em minutos de trabalho e a intensidade no ritmo de repetições por minuto. O Balanço, nas versões bi e unilateral, deverá ser o movimento prioritário nessa fase. Nos treinos que combinarem Balanços bi e unilaterais, devemos alternar o movimento e o braço a cada minuto, sem pausa, tomando o cuidado apenas de manter o volume de minutos igual para cada lado. A carga inicial deverá obedecer as regras do Quadro 1 (item 4 desse capítulo) e não deverá haver aumento nos pesos. A sessão terá a seguinte estrutura:

Aq. geral — 10 a 15 minutos (escolha do praticante);

Aq. específico — 10 Agachamentos frontais mais 10 giros alternados (peso leve);

Parte principal — 10 Levantamentos Turcos (cinco pra cada lado, alternadamente) e sequência de Balanços de acordo com o Quadro 2.

Volta à calma — 5 a 10 minutos (escolha do praticante).

### Quadro 2 — Evolução do programa de treino para *endurance*

| Sema- na | Sessão 1 | Sessão 2 | Sessão 3 | Sessão 4 | Movi- mentos | Ritmos |
|---|---|---|---|---|---|---|
| 1 | 12 min | 18 min | 22 min | 10 min | Balanço bi | 8reps/ 30seg |
| 2 | 16 min | 24 min | 32 min | 22 min | Balanço bi | 8reps/ 30seg |

113

| 3 | 32 min | 28 min | 36 min | 22 min | Balanço bi e uni | 8reps/ 30 seg |
|---|--------|--------|--------|--------|------------------|--------------|
| 4 | 36 min | 42 min | 38 min | 18 min | Balanço bi e uni | 10reps/ 30seg |
| 5 | 44 min | 34 min | 42 min | 32 min | Balanço bi e uni | 10reps/ 30seg |

## 7.2. TREINOS DE FORÇA

Para os treinos de força usaremos séries de 10 repetições com intervalos que mantenham uma relação com o tempo de realização da série de 1:1 ou 1:2, dependendo da semana. Nossa meta será realizar 2.000 balísticos por mês durante três meses, com a ondulação de volume proposta no Quadro 3. O ritmo deverá permanecer constante a 10 reps./30seg. Os demais quadros mostram a estrutura do treino e a evolução de carga para cada mês. O Levantamento Turco manterá o volume do treino de *endurance* e poderemos usar qualquer dos outros exercícios apresentados nesse livro ou qualquer combinação entre eles, dependendo das ações musculares desejadas e trabalhadas em cada exercício. A sessão terá a seguinte estrutura:

Aq. geral — 10 a 15 minutos (escolha do praticante);

Aq. específico — 10 Agachamentos frontais mais 10 giros alternados (peso leve);

Parte principal — 10 Levantamentos Turcos (cinco pra cada lado, alternadamente) e sequência de exercícios de acordo com os Quadros 4, 5 e 6;

Volta à calma — 5 a 10 minutos (escolha do praticante).

### Quadro 3 — Ondulação do volume de carga no mesociclo de quatro semanas

| Volume semanal de movimentos balísticos | | | |
|---|---|---|---|
| **Baixo** | **Médio** | **Elevado** | **Máximo** |
| 15% | 20% | 30% | 35% |
| 300 reps | 400 reps | 600 reps | 700 reps |
| 3x/semana | 4x/semana | 4x/semana | 5x/semana |

Importante ressaltar que a ordem de sobrecarga no volume não importa, ou seja, você pode variar a ordem (300-700-400-600 ou 400-600-300-700), pois qualquer ordem fará você mais forte. Apenas escolha uma ordem pra iniciar e depois troque a cada mês.

**Quadro 4 — Primeiro mês de treino**

| Mesociclo I | | | | | Carga Inicial | Meta |
|---|---|---|---|---|---|---|
| Microciclo | I | II | III | IV | **Balanço unilateral**<br>M = 8; H = 14. | **Balanço unilateral**<br>M = 12; H = 16. |
| Repetições | 300 | 600 | 700 | 400 | **Balanço bilateral**<br>M = 12; H = 16. | **Balanço bilateral**<br>M = 14; H = 18. |
| Distribuição diária de carga | | | | | *Clean*, *Snatch* **e Desenv.**<br>M = 8; H = 12. | *Clean*, *Snatch* **e Desenv.**<br>M = 10; H = 16. |
| Segunda | 100 | 100 | 140 | 160 | | |
| Terça | | 200 | 100 | 80 | **Agachamento um/dois**<br>M = 14/8; H = 20/10. | **Agachamento um/dois**<br>M = 16/10; H = 24/12. |
| Quarta | 80 | | 180 | 60 | | |
| Quinta | | 120 | 80 | | **Levantamento Turco**<br>M = 8; H = 14. | **Levantamento Turco**<br>M = 12; H = 18. |
| Sexta | 120 | 180 | 200 | 100 (teste)* | | |

## Quadro 5 — Segundo mês de treino

| Mesociclo II | | | | | Carga Inicial | Meta |
|---|---|---|---|---|---|---|
| Microciclo | I | II | III | IV | **Balanço unilateral** | **Balanço unilateral** |
| **Repetições** | **600** | **400** | **700** | **300** | M = 12; H = 16. | M = 16; H = 20. |
| **Distribuição diária de carga** | | | | | **Balanço bilateral** | **Balanço bilateral** |
| **Segunda** | 120 | 100 | 180 | 140 | M = 14; H = 18. | M = 18; H = 24. |
| **Terça** | 180 | 120 | 100 | 100 | *Clean, Snatch* **e Desenv.** | *Clean, Snatch* **e Desenv.** |
| **Quarta** | | | 200 | 60 | M = 10; H = 16. | M = 12; H = 20. |
| **Quinta** | 200 | 100 | 80 | | **Agachamento um/dois** | **Agachamento um/dois** |
| **Sexta** | 100 | 80 | 140 | 100 (teste)* | M = 16/10; H = 24/12. **Levantamento Turco** M = 12; H = 18. | M = 20/12; H = 28/16. **Levantamento Turco** M = 14; H = 24. |

**Quadro 6 — Terceiro mês de treino**

| Mesociclo III | | | | | Carga Inicial | Meta |
|---|---|---|---|---|---|---|
| Microciclo | I | II | III | IV | **Balanço unilateral** | **Balanço unilateral** |
| **Repetições** | **600** | **700** | **400** | **300** | M = 16; H = 20. | M = 18; H = 24. |
| **Distribuição diária de carga** | | | | | **Balanço bilateral** | **Balanço bilateral** |
| **Segunda** | 200 | 200 | 120 | 160 | M = 18; H = 24. | M = 24; H = 32. |
| **Terça** | 180 | 120 | 100 | 80 | *Clean, Snatch* **e Desenv.** | *Clean, Snatch* **e Desenv.** |
| **Quarta** | | 80 | | 60 | M = 12; H = 20. | M = 14; H = 24. |
| **Quinta** | 120 | 180 | 80 | | **Agachamento um/dois** | **Agachamento um/dois** |
| **Sexta** | 100 | 120 | 100 | 100 (teste)* | M = 20/12; H = 28/16. | M = 24/14; H = 32/18. |
| | | | | | **Levantamento Turco** | **Levantamento Turco** |
| | | | | | M = 14; H = 24. | M = 16; H = 32. |

Note que na última semana de cada mês existe uma sexta-feira de teste de desempenho. Você deverá realizar uma série ininterrupta de 100 repetições do Balanço duplo com o peso que terminou essa semana. Se conseguir realizar a série de 100 Balanços em menos de cinco minutos sem perder a qualidade e a potência nas últimas repetições, você pode aumentar a carga para o mês seguinte. Caso sinta dificuldade para manter a qualidade das repetições ou não consiga terminar o teste, mantenha a carga para iniciar o mês seguinte. Deixe para aumentar a carga da segunda semana em diante do mês subsequente.

### 7.3. Treinos intervalados

Os protocolos de treinos intervalados podem obedecer basicamente a qualquer estrutura. Iremos propor duas estratégias: exercícios simples (um único movimento) e os exercícios complexos (compostos por mais de um movimento). Os modelos podem seguir tanto intervalos mais curtos, do tipo 20'' x 10'' (TABATA *et al.*, 1996), quanto mais longos, 60'' x 60'' (GIBALA *et al.*, 2012). Mas, as relações de estímulo versus descanso devem, preferencialmente, obedecer a uma relação 1:1 ou de 1:2, dependendo do nível de condicionamento do praticante. Para os exercícios simples o controle será imposto pelo tempo, no caso dos complexos será diferente. A duração da série deverá ser cronometrada e o intervalo terá a mesma duração do estímulo, que pode variar, mas deverá ser a mais curta possível. O treino poderá ter o volume constante ou crescente e os exercícios poderão incluir os movimentos que não são balísticos, com exceção do Levantamento Turco.

A adequação do peso se dará pela eficiência explosiva na execução do movimento, e não pela busca de maior resistência, pois os pesos deverão ser adequados à capacidade de executar de 6 a 12 repetições explosivas do movimento escolhido. Serão três treinos por semana centrados nos movimentos balísticos de maior intensidade e que poderão ser executados nas variantes uni ou bilaterais. Se for usada a variação unilateral, cada série deverá ser feita um lado de cada vez, alternadamente. A sessão terá a seguinte estrutura:

Aq. geral — 10 a 15 minutos (escolha do praticante);

Aq. específico — 10 Agachamentos frontais mais 10 giros alternados (peso leve);

Parte principal — 10 Levantamentos Turcos (cinco pra cada lado, alternadamente) e sequência de exercícios de acordo com os Quadros 7, 8 ou 9;

Volta à calma — 5 a 10 minutos (escolha do praticante).

**Quadro 7 — Treinamento intervalado com exercícios simples**

| Semana | Exercício | Estímulos |
|---|---|---|
| 1 | Dia 01 *Clean* (bi ou uni) | 20 min 60'' x 60'' |
| | Dia 02 *Snatch* (bi ou uni) | 10 min 30'' x 30'' |
| | Dia 03 Balanço unilateral | 20 min 60'' x 60'' |
| 2 | Dia 01 *Snatch* (bi ou uni) | 15 min 45'' x 45'' |
| | Dia 02 *Clean* (bi ou uni) | 15 min 45'' x 45'' |
| | Dia 03 Balanço bilateral | 26 min 60'' x 60'' |
| 3 | Dia 01 Balanço unilateral | 20 min 60'' x 60'' |
| | Dia 02 *Snatch* (bi ou uni) | 20 min 30'' x 30'' |
| | Dia 03 Balanço bilateral | 30 min 60'' x 60'' |
| 4 | Dia 01 *Clean* (bi ou uni) | 28 min 60'' x 60'' |
| | Dia 02 Balanço bilateral | 30 min 60'' x 60'' |
| | Dia 03 *Snatch* (bi ou uni) | 28 min 60'' x 60'' |

**Quadro 8 — Treinamento intervalado com exercícios complexos e volume constante**

| Semana | Séries de Exercícios Complexos | Estímulos |
|:---:|:---|:---:|
| 1 | 2x 1 *Clean* +1 Desenvolvimento + 1 Agachamento (1 pra cada lado) | 20 séries (1:2) |
| 2 | 2x 1 *Snatch* +1 *Clean* + 1 Agachamento (1 pra cada lado) | 22 séries (1:2) |
| 3 | 2x 1 *Clean* +1 Desenvolvimento + 1 Agachamento (1 pra cada lado) | 26 séries (1:1) |
| 4 | 2x 1 *Snatch* +1 *Clean* + 1 Agachamento (1 pra cada lado) | 30 séries (1:1) |

**Quadro 9 — Treinamento intervalado com exercícios complexos e volume crescente**

| Séries de Exercícios Complexos |
|:---|
| <u>Segunda</u> |
| 2 x 1 *Clean* + 2 Desenvolvimento + 1 Agachamento (1 pra cada lado) |
| 2 x 1 *Clean* + 3 Desenvolvimento + 1 Agachamento (1 pra cada lado) |
| 2 x 1 *Clean* + 5 Desenvolvimento + 1 Agachamento (1 pra cada lado) |
| <u>Quarta</u> |
| 2 x 1 *Clean* + 1 Desenvolvimento + 2 Agachamento (1 pra cada lado) |
| 2 x 1 *Clean* + 1 Desenvolvimento + 3 Agachamento (1 pra cada lado) |
| 2 x 1 *Clean* + 1 Desenvolvimento + 5 Agachamento (1 pra cada lado) |
| <u>Sexta</u> |
| 2 x 2 *Clean* + 1 Desenvolvimento + 1 Agachamento (1 pra cada lado) |
| 2 x 3 *Clean* + 1 Desenvolvimento + 1 Agachamento (1 pra cada lado) |
| 2 x 5 *Clean* + 1 Desenvolvimento + 1 Agachamento (1 pra cada lado) |

| Semana | Volume | Intervalo |
|---|---|---|
| 1 | 2 Giros nas séries | 1:2 |
| 2 | 3 Giros nas séries | 1:2 |
| 3 | 2 Giros nas séries | 1:1 |
| 4 | 3 Giros nas séries | 1:1 |

## REFERÊNCIAS BIBLIOGRÁFICAS

ANDERSEN, V. *et al*. Core muscle activation in one- and two-armed kettlebell swing. *J. Strength Cond Res*, oct. 2015. Disponível em: <http://www.ncbi.nlm. nih.gov/pubmed/26473519>.

BRUMITT, J. *et al*. Incorporating kettlebells into a lower extremity sports reha-bilitation program. *N Am J. Sports Phys Ther*, v. 5, n. 4, p. 257-65, dec 2010. Disponível em: <http://www.ncbi.nlm.nih.gov/pubmed/21655384>.

BUDNAR JR., R. G. *et al*. The acute hormonal response to the kettlebell swing exercise. *J. Strength Cond Res*, v. 28, n. 10, p. 2793-800, oct. 2014. Disponível em: <http://www.ncbi.nlm.nih.gov/pubmed/24714543>.

DANTAS, F. F. D. O.; SOARES, F. H. R. O que de fato caracteriza o treinamento funcional? *Prescrição de Treinamento*, Natal, 2015. Disponível em: <https:// kineticscursosonline.wordpress.com/category/prescricao-de-treinamento/>. Acesso em: 20.1.2016.

FALATIC, J. A. *et al*. Effects of kettlebell training on aerobic capacity. *J. Strength Cond Res*, v. 29, n. 7, p. 1943-7, jul. 2015. Disponível em: <http://www.ncbi. nlm.nih.gov/pubmed/26102260>.

FARRAR, R. E.; MAYHEW, J. L.; KOCH, A. J. Oxygen cost of kettlebell swings. *J. Strength Cond Res*, v. 24, n. 4, p. 1034-6, apr. 2010. Disponível em: <http:// www.ncbi.nlm.nih.gov/pubmed/20300022>.

GIBALA, M. J. *et al*. Physiological adaptations to low-volume, high-intensity interval training in health and disease. *J. Physiol*, v. 590, n. 5, p. 1077-84, mar. 2012. Disponível em: <http://www.ncbi.nlm.nih.gov/pubmed/22289907>.

HULSEY, C. R. *et al*. Comparison of kettlebell swings and treadmill running at equivalent rating of perceived exertion values. *J. Strength Cond Res*, v. 26, n. 5, p. 1203-7, may 2012. Disponível em: <http://www.ncbi.nlm.nih.gov/ pubmed/22395274>.

JAY, K. *et al.* Kettlebell training for musculoskeletal and cardiovascular health: a randomized controlled trial. *Scandinavian Journal of Work, Environment and Health,* v. 37, n. 3, p. 196-203, may 2011. Disponível em: <http://www.ncbi.nlm.nih.gov/pubmed/21107513>.

_____. Effects of kettlebell training on postural coordination and jump performance: a randomized controlled trial. *J. Strength Cond Res,* v. 27, n. 5, p. 1202-9, may 2013. Disponível em: <http://www.ncbi.nlm.nih.gov/pubmed/22843044>.

LAKE, J. P.; LAUDER, M. A. Kettlebell swing training improves maximal and explosive strength. *J. Strength Cond Res,* v. 26, n. 8, p. 2228-33, aug. 2012a. Disponível em: <http://www.ncbi.nlm.nih.gov/pubmed/22580981>.

_____. Mechanical demands of kettlebell swing exercise. *J. Strength Cond Res,* v. 26, n. 12, p. 3209-16, dec. 2012b. Disponível em: <http://www.ncbi.nlm.nih.gov/pubmed/22207261>.

LIEBENSON, C. Functional training with the kettlebell. *J. Bodyw Mov Ther,* v. 15, n. 4, p. 542-4, oct. 2011. Disponível em: <http://www.ncbi.nlm.nih.gov/pubmed/21943630>.

LUKE, E.; JAMES, F.; JAMES, S. A comparison of the effect of kettlebell swings and isolated lumbar extension training upon acute torque production of the lumbar extensors. *J. Strength Cond Res,* sep. 2015. Disponível em: <http://www.ncbi.nlm.nih.gov/pubmed/26439790>.

MANOCCHIA, P. *et al.* Transference of kettlebell training to strength, power, and endurance. *J. Strength Cond Res,* v. 27, n. 2, p. 477-84, feb. 2013. Disponível em: <http://www.ncbi.nlm.nih.gov/pubmed/22549084>.

MONTEIRO, A. G.; EVANGELISTA, A. L. *Treinamento funcional. Uma abordagem prática.* 2. ed. São Paulo: Phorte, 2012.

MORENO, K. I. K. *Effects of kettlebell training on metabolic syndrome in women.* Idaho: San Jose State University, 2011.

O'HARA, R. B. *et al. The* influence of nontraditional training modalities on physical performance: review of the literature. *Aviation Space and Environmental Medicine,* v. 83, n. 10, p. 985-90, oct. 2012. Disponível em: <http://www.ncbi.nlm.nih.gov/pubmed/23066621>.

OTTO, W. H. *et al.* Effects of weightlifting vs. kettlebell training on vertical jump, strength, and body composition. *J. Strength Cond Res,* v. 26, n. 5, p. 1199-202, may. 2012. Disponível em: <http://www.ncbi.nlm.nih.gov/pubmed/22344061>.

PORCARI, J.; CURTIS, J. Can you work with strength and fitness at the same time. *Fitness Management,* v. 12, n. 7, p. 26, 1996.

TABATA, I. *et al.* Effects of moderate-intensity endurance and high-intensity intermittent training on anaerobic capacity and VO2max. *Medicine and Science in Sports and Exercise,* v. 28, n. 10, p. 1327-30, oct. 1996. Disponível em: <http://www.ncbi.nlm.nih.gov/pubmed/8897392>.

THOMAS, J. F. *et al.* Comparison of two-hand kettlebell exercise and graded treadmill walking: effectiveness as a stimulus for cardiorespiratory fitness. *J. Strength Cond Res,* v. 28, n. 4, p. 998-1006, Apr 2014. Disponível em: <http://www.ncbi.nlm.nih.gov/pubmed/24345977>.

TSATSOULINE, P. *The Russian kettlebell challenge:* xtreme fitness for hard living comrades. St. Paul: Dragon Door, 2001.

_____. *Enter the kettlebell.* Minneapolis: Tactical Strength, 2006.

_____. *Kettlebell simple and sinister.* Reno: StrongFirst, 2013.

WILLIAMS, B. M.; KRAEMER, R. R. Comparison of cardiorespiratory and metabolic responses in kettlebell high-intensity interval training *versus* sprint interval cycling. *J. Strength Cond Res,* v. 29, n. 12, p. 3317-25, dec. 2015. Disponível em: <http://www.ncbi.nlm.nih.gov/pubmed/26360962>.

ZAZULAK, B. T. *et al.* Deficits in neuromuscular control of the trunk predict knee injury risk a prospective biomechanical-epidemiologic study. *The American Journal of Sports Medicine,* v. 35, n. 7, p. 1123-1130, 2007.

ZEBIS, M. K. *et al.* Kettlebell swing targets semitendinosus and supine leg curl targets biceps femoris: an EMG study with rehabilitation implications. *British Journal of Sports Medicine,* v. 47, n. 18, p. 1192-8, dec. 2013. Disponível em: <http://www.ncbi.nlm.nih.gov/pubmed/22736206>.

# CAPÍTULO 5

# FUNDAMENTOS DO TREINAMENTO DA PLIOMETRIA

*JOÃO COUTINHO*

Vou apresentar alguns dos principais pontos que fundamentam o uso da pliometria. Vamos ver pesquisas que demonstram porque o treinamento pliométrico é muito eficaz para o aumento de força e potência.

Além disso, vou mostrar como é possível iniciar o treinamento pliométrico de forma segura baseado nas informações científicas disponíveis até o momento — o que eu chamo de **Sequência Racional**.

Em resumo, ao final deste capítulo você entender:

✓ Aspectos fisiológicos e estudos científicos sobre a pliometria.

✓ Avaliação do ciclo alongamento-encurtamento.

✓ Fases da Sequência Racional com exemplo de exercícios.

*INFORMAÇÕES PARA MONTAR TREINOS*

## 1. FUNDAMENTOS DO TREINAMENTO PLIOMÉTRICO

A pliometria deve fazer parte do treinamento de potência devido a uma característica singular: o treinamento do Ciclo Alongamento--Encurtamento (CAE). Vou fazer um resumo bem simplificado:

■ O CAE se baseia no conceito de que temos propriedades elásticas na nossa musculatura e que estas estruturas têm a capacidade de acumular a energia elástica proveniente de uma ação excêntrica.[4][5]

■ Utilizar o CAE é fazer uma ação excêntrica com uma transição rápida para uma ação concêntrica sequente (o contramovimento).

### QUE TAL TESTAR AGORA?

Um bom exemplo prático do CAE é: coloque a mão no peito e bata o seu dedo médio o mais forte que puder. Depois, segure este dedo, puxe-o para trás e solte-o (como se puxasse um elástico). Você percebeu como o seu dedo dispara fazendo um estalo forte no seu peito?

A energia elástica é isso: você acumula na fase excêntrica para utilizar na fase concêntrica. Desta forma, temos que considerar e treinar esta capacidade muscular. A melhor forma é por meio do treinamento pliométrico, que utiliza os contramovimentos dos saltos e os rebotes no solo para isso.

---

(4) BOSCO, C. Stretch-shortening cycle in skeletal muscle function and physiological consideration of explosive power in man. *Atleticastudi*, 1, p. 7-113, 1985.

(5) BOSCO, C.; VIITASALO, J. T.; KOMI, P. V.; LUHTANEN, P. Combined effect of elastic energy and myoelectrical potentiation during stretch-shortening cycle exercise. *Acta Physiol Scand*, 114(4), p. 557-65, apr. 1982.

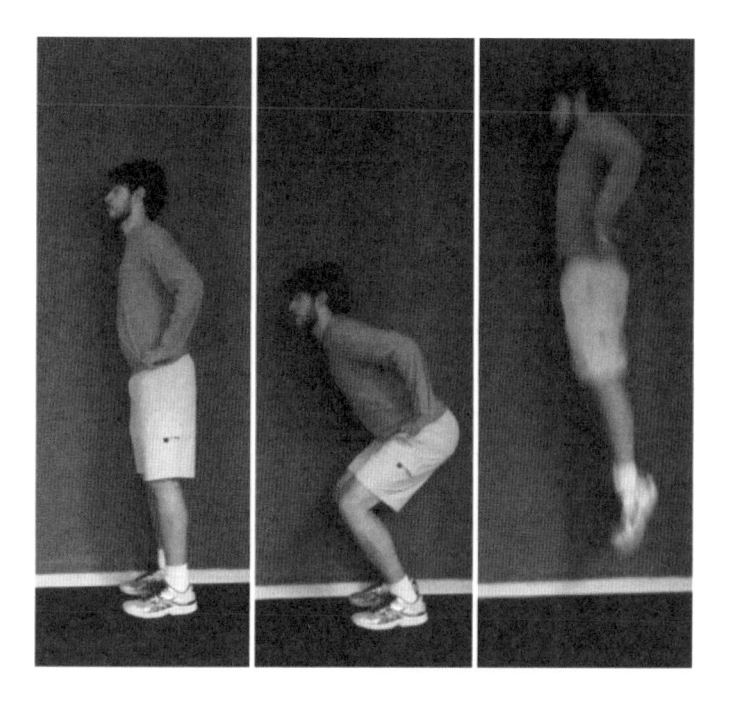

O treinamento pliométrico consiste em desenvolver a capacidade de realizar o contramovimento, isto é, a transição rápida da ação muscular excêntrica para a ação concêntrica o mais rápido possível, o que promove um aumento na força produzida. Através dos estudos do cientista russo Dr. Yury Verkhoshanski, descobriu-se que um músculo que é alongado antes de uma ação concêntrica é carregado com energia potencial elástica que somado a energia cinética da ação concêntrica aumenta a força total do movimento.

No clássico estudo de 1968, ele mostrou as diferenças de altura e de força no solo na comparação entre três tipos de saltos: 1. *squat jump* (salto sem contramovimento); 2. *counter-movement jump* (salto com contramovimento); e 3. *drop jump* (salto em profundidade).

Veja os resultados na figura abaixo:

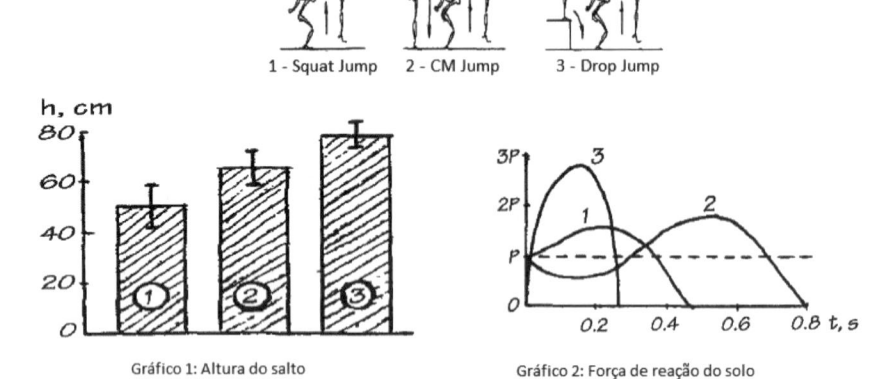

Gráfico 1: Altura do salto

Gráfico 2: Força de reação do solo

Figura: Adaptação da imagem disponível em: <http://www.verkhoshansky.com/>

Podemos observar o melhor desempenho quando os atletas fazem o salto em profundidade, atingindo uma maior altura vertical e uma curva de TDF mais aguda — indicando maior velocidade e quantidade de força aplicada no solo.

Para Verkhoshanski, o movimento pliométrico envolve três fases[6].

*1. Fase de amortização*, com o pré-estiramento ou ação muscular excêntrica. Aqui a energia elástica é gerada e armazenada.

*2. Fase de impulso*, o breve período entre o fim do pré-estiramento e o início da ação muscular concêntrica, em que se utiliza a energia da amortização para a ação concêntrica. Quanto menos tempo durar esta fase, mais potente será a ação do músculo.

*3. Fase de recuperação*, fim da ação muscular concêntrica e relaxamento da musculatura. Na prática é a realização do movimento que o atleta deseja.

(6) BOSCO, C.; VIITASALO, J. T.; KOMI, P. V.; LUHTANEN, P. Combined effect of elastic energy and myoelectrical potentiation during stretch-shortening cycle exercise. *Acta Physiol Scand*, 114(4), p. 557-65, apr. 1982.

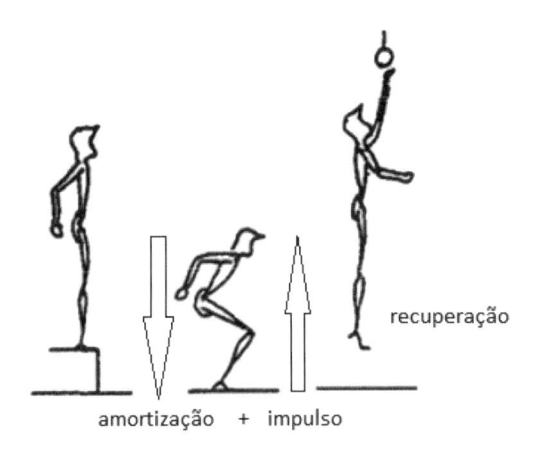

recuperação

amortização + impulso

Essa sequência de fases é chamada de ciclo de alongamento-encurtamento. Na verdade, a pliometria também poderia ser chamada de "exercícios para o ciclo alongamento-encurtamento"[7].

**Pico de força durante ações CONCENTRICAS e ações CAE em diferentes porcentagens de 1RM (Frost, 2010)**

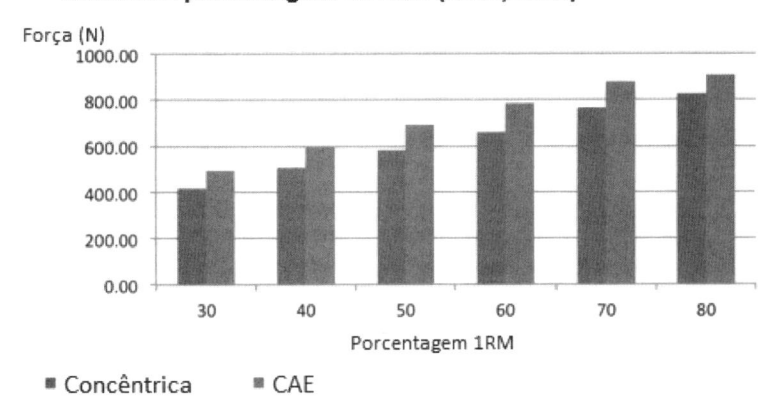

Figura: Adaptado de Frost, 2010.

---

(7) BOSCO, C. Stretch-shortening cycle in skeletal muscle function and physiological consideration of explosive power in man. *Atleticastudi*, 1, p. 7-113, 1985.

Qual a explicação para o CAE? Dois modelos têm sido propostos para explicar este fenômeno:

## 1. Modelo mecânico

Neste modelo, a energia elástica é gerada nos músculos e tendões e armazenada como resultado de um alongamento rápido[8][9][10]. Esta energia é, então, liberada quando o alongamento é seguido imediatamente por uma ação muscular concêntrica. De acordo com Hill[11], o efeito é semelhante ao do alongamento de uma mola, que força a volta ao seu comprimento natural. A mola, neste caso, é formada pelos componentes elásticos em série dos músculos e pelos tendões.

## 2. Modelo neurofísico

Quando um alongamento rápido é detectado nos músculos, uma resposta involuntária e protetora ocorre para evitar um excesso de alongamento muscular, que provocaria uma lesão. Esta resposta é conhecida como *reflexo de estiramento*. O reflexo aumenta a atividade dos músculos submetidos ao alongamento ou a uma ação muscular excêntrica, o que lhe permite agir com muito mais força. O resultado é um poderoso efeito de frenagem e o potencial para uma ação muscular concêntrica potente[12][13][14].

(8) ASMUSSEN, E.; BONDE-PETERSEN, F. Storage of elastic energy in skeletal muscles in man. *Acta Physiol Scand,* 91(3), p. 385-92, jul. 1974.

(9) BOSCO, C.; ITO, A.; KOMI, P. V.; LUHTANEN, P.; RAHKILA, P.; RUSKO, H.; VIITASALO, J. T. Neuromuscular function and mechanical efficiency of human leg extensor muscles during jumping exercises. *Acta Physiol Scand,* 14(4), p. 543-50, apr. 1982.

(10) HILL, A. V. *First and last experiments in muscle mechanics.* Cambridge: Cambridge University, 1970.

(11) *Idem.*

(12) KOMI, P. V. *Strength and power in sport.* Oxford: Blackwell, 1992.

(13) BOSCO, C. Stretch-shortening cycle in skeletal muscle function and physiological consideration of explosive power in man. *Atleticastudi,* 1, p. 7-113, 1985.

(14) BOSCO, C.; VIITASALO, J. T.; KOMI, P. V.; LUHTANEN, P. Combined effect of elastic energy and myoelectrical potentiation during stretch-shortening cycle exercise. *Acta Physiol Scand,* 114(4), p. 557-65, abr. 1982.

Se a ação muscular concêntrica não ocorrer imediatamente após o pré-estiramento, a energia potencial produzida pela resposta de reflexo de estiramento é perdida. Ou seja, se há uma demora entre a flexão e o impulso do salto para cima o efeito do contramovimento é perdido.

Portanto os estudos indicam que tanto o modelo mecânico (componente elástico em série) quanto o neurofísico (reflexo de estiramento) aumentam a taxa de produção de força durante os exercícios pliométricos[15][16][17][18][19][20].

## *Movimento balístico*

A principal vantagem dos exercícios balísticos é que eles permitem máxima aceleração com amplitude de movimento e a possibilidade de liberação da sobrecarga, resultando em grande ativação das fibras do tipo II[21][22]. Talvez o movimento balístico mais simples seja saltar.

Para aumentar o desempenho esportivo e a capacidade de potência dos atletas se utiliza o treinamento com o Salto em Profundidade (SP), que é um dos principais exercícios para gerar tensão excêntrica

(15) ASMUSSEN, E.; BONDE-PETERSEN, F. Storage of elastic energy in skeletal muscles in man. *Acta Physiol Scand,* 91(3), p. 385-92, jul. 1974.

(16) BOSCO, C.; ITO, A.; KOMI, P. V.; LUHTANEN, P.; RAHKILA, P.; RUSKO, H.; VIITASALO, J. T. Neuromuscular function and mechanical efficiency of human leg extensor muscles during jumping exercises. *Acta Physiol Scand,* 14(4), p. 543-50, apr. 1982.

(17) HILL, A. V. *First and last experiments in muscle mechanics.* Cambridge: Cambridge University, 1970.

(18) KOMI, P. V. *Strength and power in sport.* Oxford: Blackwell, 1992.

(19) BOSCO, C. Stretch-shortening cycle in skeletal muscle function and physiological consideration of explosive power in man. *Atleticastudi,* 1, p. 7-113, 1985.

(20) BOSCO, C.; VIITASALO, J. T.; KOMI, P. V.; LUHTANEN, P. Combined effect of elastic energy and myoelectrical potentiation during stretch-shortening cycle exercise. *Acta Physiol Scand,* 114(4), p. 557-65, abr. 1982.

(21) KOMI, P. V. *Strength and power in sport.* Oxford: Blackwell, 1992.

(22) RITZDORF, W. Strength and power training in sport. In: ELLIOTT, B. (ed.). *Training in sport:* applying sport science. Chichester: John Wiley & Sons, 1998.

em uma ação em alta velocidade. Esse tipo particular de salto consiste em cair de uma determinada altura e saltar imediatamente. A altura de queda promove sobrecarga (maior solicitação neuromuscular), além de aumentar a capacidade de usar o CAE. Não por acaso este é o exercício principal do *Método de Choque* do prof. Yuri Verkoshansky.

### Figura: Salto em profundidade

No estudo antigo de Wilson *et al.* (1993) já reportava superioridade nos ganhos de força explosiva quando se treina com exercícios balísticos. Os sujeitos foram divididos em quatro grupos: 1) controle (*control*); 2) agachamento (*weights*); 3) salto com carga (*max power*) e 4) salto em profundidade (*plyometric*).

Veja o quadro a seguir.

# Figura: Resultados testes de salto adaptado de Wilson *et al.* (1993)

| | Testing Occasions | | |
|---|---|---|---|
| | Pre | Mid | Post |
| Groups | CMJ maximal height (cm) | | |
| Control | 37.2 ± 8.2 | 37.6 ± 8.4 | 38.0 ± 8.2 |
| Weights | 40.0 ± 7.0* | 41.1 ± 7.0 | 41.9 ± 7.3* |
| Plyometric | 35.8 ± 6.7* | 37.7 ± 7.4 | 39.5 ± 9.0* |
| Max Power | 35.8 ± 5.8* | 39.7 ± 6.4* | 41.8 ± 5.8* |
| | SJ maximal height (cm) | | |
| Control | 35.9 ± 8.1 | 35.1 ± 8.1 | 35.8 ± 7.6 |
| Weights | 38.0 ± 7.5* | 39.3 ± 6.8 | 40.4 ± 6.9* |
| Plyometric | 35.6 ± 7.8 | 36.2 ± 6.8 | 37.9 ± 8.2 |
| Max Power | 33.8 ± 4.9* | 37.8 ± 6.4* | 38.8 ± 5.6* |

Após 10 semanas de treino, observe a diferença de ganhos obtidos pelos grupos 3 e 4 (balísticos) na altura do Salto Estático (SJ) e Salto Vertical Máximo (CMJ) em relação ao grupo 1 e 2.

Podemos concluir, portanto, que a forma balística dos exercícios é a que mais ativa e estimula o sistema neuromuscular, sendo os melhores para se treinar potência, pois unem força e velocidade no movimento.

## EFEITOS DO TREINAMENTO PLIOMÉTRICO

Mas quais são os efeitos em longo prazo que o treinamento pliométrico exerce no corpo e no desempenho?

Uma grande variedade de estudos vem demonstrando que os exercícios pliométricos podem melhorar o desempenho no salto vertical, no salto em distância, no ciclismo e nas corridas de velocidade.

Usando uma variedade de exercícios pliométricos, tais como saltos em profundidade, saltos com contramovimento, saltos progressivos alternando as pernas e saltos unilaterais, é possível melhorar o desempenho motor[23][24][25][26][27][28]. Enquanto que a maioria dos estudos se concentrou em indivíduos destreinados, os atletas treinados, como jogadores de futebol e basquete, também melhoraram seu desempenho com a pliometria[29][30].

A cautela dos treinadores e professores de prescreverem o treinamento pliométrico pode ser devido à crença de que este tipo de treino possui um alto grau de risco de lesão. Contudo, há poucos estudos que confirmam ou refutam essa questão.

O ponto a ressaltar é que as maiores chances de ocorrerem lesões com este tipo de treinamento pode ser principalmente:

✓ falta de técnica de aterrissagem;

---

(23) WILSON *et al.* The optimal training load for the development of dynamic athletic performance. *Med Sci Sports Exerc.*, 25(11), p. 1279-86, nov. 1993.

(24) FATOUROS, I. G.; JAMURTAS, A. Z.; LEONTSINI, D.; TAXILDARIS, K.; KOSTOPOULOS, N.; BUCKENMYER, P. Evaluation of plyometric exercise training, weight training and their combination on vertical jump in performance and leg strength. *J. Strength Cond Res.*, 14, p. 470-476.

(25) FORD JR., H. T.; PUCKETT, J. R.; DRUMMOND, J. P.; SAWYER, K.; GANTT, K.; FUSSELL, C. Effects of three combinations of plyometric and weight training programs on selected physical fitness test items. *Percept Mot Skills,* 56(3), p. 919-22, jun. 1982.

(26) POTTEIGER, J. A.; LOCKWOOD, R. H.; HAUB, M. D.; DOLEZAL, B. A.; ALMUZAINI, K. S.; SCHROEDER, J. M.; ZEBRAS, C. J. Muscle power and fiber characteristics following 8 weeks of plyometric training. *J. Strength Cond Res.*, 13, p. 275-79, 1999.

(27) RIMMER, E.; SLEIVERT, G. Effects of plyometrics intervention program on sprint performance. *J. Srength Cond Res.*, 14, p. 295-301, 2000.

(28) WAGNER, D. R.; KOCAK, M. S. A multivariate approach to assessing anaerobic power following a plyometric training program. *J. strength Cond Res.*, 11, p. 251-255, 1997.

(29) MATAVULJ, D.; KUKOLJ, M.; UGARKOVIC, D.; TIHANYI, J.; JARIC, S. Effects of plyometric training on jumping performance in junior basketball players. *J. Sports Med Phys Fitness,* 41(2), p. 159-64, jun. 2001.

(30) DIALLO, O.; DORE, E.; DUCHE, P.; VAN PRAAGH, E. Effects of plyometric training followed by a reduced training programme on physical performance in prepubescent soccer players. *J. Sports Med Phys Fitness,* 41(3), sep. 2001.

✓ superfícies inadequadas;

✓ ou saltos em profundidade de uma altura muito elevada.

Quanto à primeira questão, o técnico brasileiro Nélio Moura — que treinou dois campeões olímpicos no salto em distância — afirma que *"o pico das forças passivas (impacto) apresenta grande potencial para causar lesões, sem contribuir significativamente para o desempenho... Assim, se o indivíduo estiver tocando o calcanhar no solo após a queda livre, deve-se diminuir a altura de queda, ou mesmo adiar a introdução do salto em profundidade nos programas de treinamento"*[31].

Sobre a superfície de aterrissagem elas devem possuir propriedades de absorção de choque adequadas, encontradas em grama, tapetes de borracha e pisos esportivos. Num estudo realizado em 2008, jogadores de futebol foram divididos em dois grupos que treinaram pliometria por quatro semanas[32]. Um grupo realizou os exercícios na areia e o outro grupo na grama. Os grupos foram analisados antes e após as quatro semanas nos testes: *sprint* 10 m e 20 m, *squat jump* (SJ), *counter-movement jump* (CMJ). Além disso, utilizou-se a escala de Likert para verificar o grau de dano muscular excêntrico. Duas das conclusões foram:

1. A pliometria na areia promoveu melhoras na corrida e no salto e um menor grau de dano muscular.

2. Na grama, houve melhora nos resultados de CMJ (maior efeito de CAE) enquanto que, na areia, foi melhor no SJ.

Assim para a relação entre ganhos de desempenho e risco de lesão, superfícies muito rígidas (concreto, ladrilho, madeira dura...) ou muito moles (como colchões e camas elásticas) não seriam as mais adequadas. Para o objetivo de máxima ativação do SNC, grama e pisos esportivos parecem ser os mais indicados.

---

(31)   MOURA, N. A. Recomendações básicas para a seleção da altura de queda no treinamento pliométrico. *Boletin IAAF*, Centro Regional de Desarollo, Santa Fé, n. 12, 1994.

(32)   IMPELLIZZERI *et al.* Effect of plyometric training on sand versus grass on muscle soreness and jumping and sprinting ability in soccer players. *Br. J. Sports Med.*, 42, p. 42-46, 2008.

Por fim, diversos estudos mediram a relação da altura de queda nos saltos em profundidade com o desempenho no salto vertical. Os saltos em profundidade de 50 cm e 80 cm melhoraram a força na mesma proporção[33]. Os mesmos resultados foram encontrados entre os saltos de 75 cm e o de 110 cm[34] e entre os saltos de 50 cm e 100 cm[35]. No estudo feito por pesquisadores brasileiros chegou-se à conclusão que as alturas de quedas entre 40 cm e 60 cm são as que produzem melhores respostas para atletas de modalidades coletivas, como voleibol, basquete e handebol, por exemplo[36]. Isso sugere que pode haver muito pouco benefício adicional em saltar de alturas acima de 50-60 cm, embora o risco de lesão provavelmente aumente.

Como medida de precaução adicional para atletas que vão treinar com essas alturas no SP, sugere-se que tenham um histórico prévio de treinamento de força consistente. Os critérios geralmente utilizados são:

> i) capacidade dos atletas de agacharem com 1,5 a 2 vezes com seu peso corporal para treinar pliometria de membros inferiores;

> ii) fazer supino com uma vez o seu peso corporal para membros superiores[37][38].

(33) BARTHOLOMEU, S, A. *Plyometrics and vertical jump training.* Chapel Hill: University of Noth Carolina, 1985.

(34) CLUTCH, D.; WILSON, C.; MCGOWN, C.; BRYCE, G. R. The effect of depth jumps and weight training on leg strength and vertical jump. *Research Quarterly,* 54, p. 5-10, 1983.

(35) MATAVULJ, D.; KUKOLJ, M.; UGARKOVIC, D.; TIHANYI, J.; JARIC, S. Effects of plyometric training on jumping performance in junior basketball players. *J. Sports Med Phys Fitness,* 41(2), p. 159-64, jun. 2001.

(36) NETTO *et al.* Treinamento de diferentes alturas do salto em profundidade. *Revista Digital,* Buenos Aires, año 12, n. 116, ene. 2008.

(37) FLECK, S. J.; KRAEMER, W, J. *Designing resistance training programs.* 3. ed. Champaign: Human Kinetics, 2004.

(38) NATIONAL STRENGTH AND CONDITIONING ASSOCIATION. Position statement: Explosive/plyometric exercise. *NSCA. J.,* 15(3), p. 16, 1993.

## 2. Avalição do CAE

É possível fazer um simples teste que permite verificar se a pessoa possui capacidade reativa e sabe se beneficiar do CAE, além de avaliar o nível de força. Basta comparar os resultados obtidos no *squat jump* (salto sem contramovimento) com o *counter movement jump* (com contramovimento). Essa diferença é conhecida na literatura como *Excentric Utilization Ratio*[39].

Em geral, recomenda-se que os saltos sejam executados sem a ação dos braços para minimizar os efeitos técnicos, mas esse fator não é determinante nem fundamental.

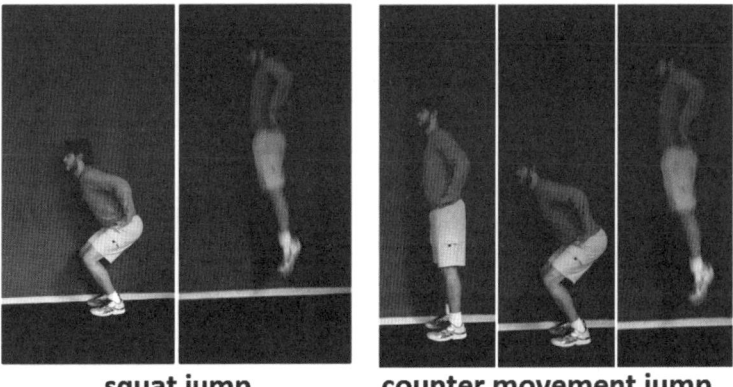

**squat jump**          **counter movement jump**

O ideal é que o teste seja feito em um "tapete eletrônico" para maior precisão. Atualmente existem inúmeros aplicativos para celular que cumprem bem esse papel com uma baixa margem de erro. Um que eu já testei (até a presente data que escrevo esse capítulo) e utilizo é o *Liza Plus* para celulares Apple.

Mesmo sem o uso da tecnologia, é possível fazer esse teste (com aceitável grau de precisão) encostando o dedo com tinta numa fita graduada fixada numa parede ou tabela de basquete, por exemplo. O nível de informação será bastante satisfatório para apresentar as conclusões.

(39) MCGUIGAN *et al.* Eccentric utilization ratio: effect of sport and phase of training. *J. Strength Cond Res.*, 20(4), nov. 2006.

**Figura: Teste SJ x CMJ**

Qualquer que seja a sua escolha, é importante garantir uma posição inicial no SJ sempre próxima, mas não se preocupe tanto com a precisão do ângulo do quadril.

O estudo realizado por Linthorne (2000) mostrou que a variação na posição de saída no SJ não influencia no resultado final. Portanto, procure orientar seu aluno para sair de uma posição de flexão de quadril ao redor dos 90°. Após um aquecimento dinâmico, realize três tentativas para cada salto e meça a diferença dos melhores resultados obtidos em cada tipo.

De acordo com os estudos, é preciso haver uma diferença de altura nos saltos de pelo menos 10%[40][41][42]. De maneira prática, seria observar uma diferença de 6 a 8 cm entre os saltos.

(40) MCGUIGAN *et al.* Eccentric utilization ratio: effect of sport and phase of training. *J. Strength Cond Res.*, 20(4), nov. 2006.

(41) MACKALA *at al.* Biomechanical analysis of squat jump and countermovement jump from varying starting positions. *J. Strength Cond Res.*, 27(10), oct. 2013.

(42) BOBBERT *et al.* Why is countermovement jump height greater than squat jump height? Med Sci Sports Exerc., 28(11), p. 1402-12, nov. 1996.

Além disso, outra referência é quanto a uma altura considerada excelente para o teste. De acordo com CHU (1996) podemos ter como parâmetros:

| | Média |
|---|---|
| Homens | 30-49 cm |
| Mulheres | 36-46 cm |

**Tabela: adaptado de CHU, 1996**

Os resultados obtidos por meio desse simples teste (diferença SJ x CMJ) apontam as capacidades a serem trabalhadas no processo de treinamento. Veja abaixo um diagnóstico possível de ser feito a partir dos resultados obtidos, orientando futuramente a montagem individual do treinamento de cada atleta.

| ATLETA | SJ (cm) | CMJ (cm) | DIFERENÇA |
|---|---|---|---|
| João | 40 | 42 | 5% |
| Pedro | 30 | 36 | 20% |
| Luis | 40 | 48 | 20% |
| Miguel | 30 | 31 | 4% |

1. JOÃO = muita força / pouco CAE → manutenção de força e treinar pliometria média (rebotes);

2. PEDRO = pouca força / ótimo CAE → aumentar a força das pernas (Fmáx) e manutenção pliometria;

3. LUIS = excelente nos dois → manutenção de ambos com pliometria alta (quedas);

4. MIGUEL = fraco em ambos → aumentar força das pernas e treinar pliometria baixa (estáticos).

### 3. A SEQUÊNCIA RACIONAL

A partir primeiro do domínio técnico seguido de uma melhor habilidade reativa (utilização do CAE), poderia passar com segurança com meus atletas para o incremento da força explosiva, aumentando a intensidade dos saltos com maiores alturas de queda. A essa sequência de objetivos na montagem dos treinos pliométrico eu denomino **Sequência Racional** (SR). Com os objetivos definidos, fica mais fácil selecionar os exercícios e o volume para cada fase.

Quero deixar claro que esta é apenas uma forma de pensar a montagem do treino pliométrico que utilizo com os atletas (boa parte deles juvenis de modalidades técnico-táticas intermitentes e não atletismo), formulado de maneira empírica por associação e interpretação de pesquisas científicas.

Não é um "método", já que nunca foi submetido a estudo científico. Não tenho pretensão de me equiparar aos grandes cientistas e pesquisadores das ciências do esporte. Mas tenho obtido excelentes resultados práticos ao longo do tempo (desde 2006), considerando que, para mim, o sucesso é saber que meu atleta primeiro não se lesionou no processo e no final conseguiu aumentar seu desempenho.

A Sequência Racional (SR) busca atingir os 2 objetivos fundamentais para a segurança no treinamento da pliometria:

OBJETIVO 1 — aprender a minimizar a força de impacto (evitar lesão).

OBJETIVO 2 — desenvolver impulso (aumento de desempenho).

Com isso em mente, podemos classificar e agrupar os exercícios em quatro fases de forma a cumprir os dois objetivos propostos.

# CONTROLE DE IMPACTO    AUMENTO DE IMPULSO

**1. P.F.T** > **2. ESTÁTICOS** > **3. REBOTES** > **4. QUEDAS**

As quatro fases da *Sequencia Racional*.

A seguir, detalharei cada delas:

## Fase 1 — PFT (Programa de Fortalecimento do Tornozelo)

*Objetivo Geral* = controle de impacto (evitar lesão).

*Objetivo Específico* = promover adaptações de arco plantar, fortalecimento dos músculos e pequenos ligamentos do pé, além da hipertrofia do gastrocnêmico, como forma de preparo para suportar as cargas impactantes das próximas fases.

*Público* = adultos iniciantes, crianças e jovens, atletas fora de peso ou em início de treinamento.

*Exercícios* = pequenos e rápidos saltinhos uni ou bipodais (tipo "pular amarelinha"), pular corda e coordenativos de corrida em escadinhas de agilidade.

*Protocolo* = 1-2 exercícios 2-3 x semana; volume = até a fadiga muscular localizada do gastrocnêmico. Total = 6-10 treinos.

Exemplos:

Coordenativos corrida/agilidade

"Amarelinha"

### Fase 2 — Estáticos

*Objetivo Geral* = controle de impacto (evitar lesão).

*Objetivo Específico* = aprimoramento da técnica de salto e aterrissagem além de ganhos de força por meio de saltos únicos (sem rebote). Cada repetição é feita sem pressa e com total concentração no movimento trabalhando correções técnicas.

*Público* = adultos iniciantes, crianças e jovens, idosos, atletas.

*Exercícios* = saltos únicos no mesmo lugar (vertical ou extensão) sem rebote e saltos para planos elevados.

*Protocolo* = 2-3 exercícios 2-3 x semana; volume = 40-50 saltos. Total = 6-12 treinos.

Exemplos:

*"Box Jump"*

**Salto 1 Barreira**

### Fase 3 — Rebotes

*Objetivo Geral* = desenvolvimento de impulso.

*Objetivo Específico* = os exercícios desta fase são destinados a provocar ações de contramovimento por meio de rebotes constantes com o solo, estabelecendo o primeiro contato efetivo com o CAE.

*Público* = adultos intermediários crianças e jovens avançados, idosos avançados, atletas.

*Exercícios* = saltos com rebotes e em sequência (*"hops"*) sub-máximos (altura obstáculos < 40 cm), saltos no lugar contínuos e saltos extensão contínuos.

*Protocolo* = 2-3 exercícios 2x semana; volume = 50-60 saltos. Total = 8-12 treinos.

Exemplos:

*Hops* — frente

*Hops* — lateral

## FASE 4 — QUEDAS

*Objetivo Geral* = desenvolvimento de impulso (aumento desempenho).

*Objetivo Específico* = aumento da capacidade neuromuscular através do uso de cargas adicionais no salto (alturas de quedas ou porcentagem de peso corporal) e obstáculos altos com a necessidade de rebotes. A sobrecarga imposta ao organismo é alta nesta fase.

*Público* = adultos e jovens avançados com histórico de treino de força e atletas de alto rendimento.

*Exercícios* = saltos com rebotes de quedas (altura > 40 cm), saltos com cargas (até 30% 1 RM) e combinações de saltos com barreiras altas (> 40 cm).

*Protocolo* = 1-3 exercícios 2 x semana; volume = 20-40 saltos. Total = 6-10 treinos.

Exemplos:

"Prisioneiros"

"Jump Squat"

## 4. Montagem de treinos

Usando uma variedade de exercícios pliométricos, tais como saltos em profundidade, saltos com contramovimento, saltos progressivos alternando as pernas e saltos unilaterais, observamos que é possível melhorar o desempenho motor[43][44][45][46]. Enquanto a maioria dos estudos é com sujeitos destreinados, outros estudos com atletas treinados (jogadores

(43)   FROST *et al.* A biomechanical evaluation of resistance: fundamental concepts for training and sports performance. *Sports Med.*, 40(4), p. 303-26, apr. 2010.

(44)   ASMUSSEN, E.; BONDE-PETERSEN, F. Storage of elastic energy in skeletal muscles in man. *Acta Physiol Scand,* 91(3), p. 385-92, jul. 1974.

(45)   BOSCO, C.; VIITASALO, J. T.; KOMI, P. V.; LUHTANEN, P. Combined effect of elastic energy and myoelectrical potentiation during stretch-shortening cycle exercise. *Acta Physiol Scand,* 114(4), p. 557-65, abr. 1982.

(46)   ARABATZI *et al.* Olympic weightlifting training causes different knee muscle-coactivation adaptations compared with traditional weight training. *J. Strength Cond Res.*, 26(8), aug. 2012.

de futebol e basquete) também melhoraram seu desempenho através da pliometria[47][48].

Enquanto que os exercícios pliométricos para membros superiores do corpo têm recebido menos atenção, foi mostrado que três sessões de flexões pliométricas por semana aumentam a força destes membros conforme medição feita através do lançamento de bolas medicinais[49].

Parece também que uma quantidade relativamente pequena de treinamento pliométrico é necessária para melhorar o desempenho nessas tarefas. **Apenas 1 a 2 tipos de exercício pliométrico feitos de 1 a 3 vezes por semana durante 6 a 12 semanas podem melhorar significativamente o desempenho motor**[50][51][52]. Além disso, apenas uma pequena quantidade de volume é necessária para fazer essas mudanças positivas, ou seja, 2-4 séries de 10 repetições por sessão[53][54] ou 4 séries de 8 repetições[55].

(47)   BLACKEY, J. B.; SOUTHARD, D. The combined effects of weight training and plyometrics on dynamic leg strength and power. *J. Appl Sport Sci Res.*, 1, p. 14-16, 1987.

(48)   GEHRI, D. J.; RICHARD, M. D.; KLEINER, D. M.; KIRKENDALL, D. T. A comparison of plyometric training techniques for improving vertical jump ability and energy production. *J. strength Cond Res.*, 12, p. 85-89, 1998.

(49)   MOURA, N. A. Recomendações básicas para a seleção da altura de queda no treinamento pliométrico. *Boletin IAAF*, Centro Regional de Desarollo, Santa Fé, n. 12, 1994.

(50)   MATAVULJ, D.; KUKOLJ, M.; UGARKOVIC, D.; TIHANYI, J.; JARIC, S. Effects of plyometric training on jumping performance in junior basketball players. *J. Sports Med Phys Fitness*, 41(2), p. 159-64, jun. 2001.

(51)   BLACKEY, J. B.; SOUTHARD, D. The combined effects of weight training and plyometrics on dynamic leg strength and power. *J. Appl Sport Sci Res.*, 1, p. 14-16, 1987.

(52)   GEHRI, D. J.; RICHARD, M. D.; KLEINER, D. M.; KIRKENDALL, D. T. A comparison of plyometric training techniques for improving vertical jump ability and energy production. *J. strength Cond Res.*, 12, p. 85-89, 1998.

(53)   MATAVULJ, D.; KUKOLJ, M.; UGARKOVIC, D.; TIHANYI, J.; JARIC, S. Effects of plyometric training on jumping performance in junior basketball players. *J. Sports Med Phys Fitness*, 41(2), p. 159-64, jun. 2001.

(54)   BLACKEY, J. B.; SOUTHARD, D. The combined effects of weight training and plyometrics on dynamic leg strength and power. *J. Appl Sport Sci Res.*, 1, p. 14-16, 1987.

(55)   GEHRI, D. J.; RICHARD, M. D.; KLEINER, D. M.; KIRKENDALL, D. T. A comparison of plyometric training techniques for improving vertical jump ability and energy production. *J. strength Cond Res.*, 12, p. 85-89, 1998.

No tópico anterior, para cada fase da SR coloquei um protocolo sugerido com volume, frequência e número de exercícios para cada fase baseado nessas informações. Vale lembrar que os intervalos entre as séries e exercícios deve sempre permitir uma recuperação completa minimizando os efeitos de fadiga. Cada repetição deve ser executada com alta velocidade, portanto manter o número de repetições até no máximo 10 parece ser um bom caminho.

Segue abaixo dois exemplos de como montar uma sessão de treinamento:

## FASE - ESTÁTICO

## Volume total = **40 saltos  / 2 X SEMANA**

*1- Box Jump*
**20 saltos (4x5)**

*2- Salto Extensão*
**10 saltos (2x5)**

*3- Salto 1 barreira*
**10 saltos (2x5)**

Intervalo = 5" entre saltos / 2min entre as séries

## Volume total = **30 saltos / 2 X SEMANA**

*1- Salto Profundidade*
**15 saltos (3x5)**

*2- "Squat Jump" (15% PC)*
**15 saltos (3 x5)**

Intervalo = 2-3 min entre as séries

A pliometria faz parte do treinamento explosivo e o critério fundamental para que ocorra o máximo de ativação neuromuscular é que ele seja realizado em condição de pouca fadiga (no início da sessão).

Quando existe a possibilidade de manipular e programar mais dias de treinamento físico, **o ideal é separar dias específicos para treinamento da velocidade e potência**, deixando as capacidades de força e resistência para outros.

De maneira ideal, um bloco de treinamento de força deve durar até 8 semanas. Para atletas, a **Sequência Racional** pode ser distribuída da forma que mostro a seguir:

| PFT** | ESTÁTICOS | REBOTES | QUEDAS |
|---|---|---|---|
| 2 semanas | 2 semanas | 3 semanas | 3 semanas |
| | Total = **8 semanas** | | |

** lembrando que a PFT é, na realidade, um período de preparação, não sendo contabilizada na montagem do bloco!

Após este período o treino é interrompido e feito à manutenção de ganhos com uma sessão semanal durante o período competitivo. Para trabalhos que visam qualidade de vida, geralmente as fases "ESTÁTICOS" e posteriormente "REBOTES", são as que vão cumprir os objetivos de estímulo de fibras rápidas com um componente impactante baixo e bastante controlável. Idosos e esportistas terão inúmeros benefícios somente utilizando os contramovimentos dessas fases.

## Conclusão

Agradeço a você por ter chegado até aqui. O assunto pliometria é muito amplo e fascinante e meu objetivo não foi esgotar o tema, mas propiciar um bom caminho para introduzir e administrar este tipo fundamental de treino. Agradeço mais uma vez o convite feito pelo amigo prof. Alexandre Machado para fazer parte deste livro singular.

Aproveito para te convidar a conhecer e se cadastrar no meu *site* <www.treinamentoesportivo.com>, onde você encontrará muito mais conteúdo, artigos e informações sobre estes temas e todos os outros que formam o universo da preparação física. Além disso, poderá conhecer meus outros livros avançados sobre LPO, Pliometria e Periodização.

Tenho ministrado cursos presenciais sobre esses temas desde 2009 para centenas de profissionais em todo o Brasil. A resposta e a interação com diversos professores e treinadores ao longo deste tempo só me faz acreditar que o caminho da prática fundamentada em ciência é o que faz com que a área da Educação Física e Esporte possa crescer e se tornar cada vez mais respeitada.

Forte abraço!

### Referências bibliográficas

ARABATZI *et al.* Olympic weightlifting training causes different knee muscle-coactivation adaptations compared with traditional weight training. *J. Strength Cond. Res.*, 26(8), aug. 2012.

ASMUSSEN, E.; BONDE-PETERSEN, F. Storage of elastic energy in skeletal muscles in man. *Acta Physiol Scand,* 91(3), p. 385-92, jul. 1974.

BARTHOLOMEU, S, A. *Plyometrics and vertical jump training.* Chapel Hill: University of Noth Carolina, 1985.

BOBBERT *et al.* Why is countermovement jump height greater than squat jump height? *Med Sci Sports Exerc.,* 28(11), p. 1402-12, nov. 1996.

BOSCO, C. Stretch-shortening cycle in skeletal muscle function and physiological consideration of explosive power in man. *Atleticastudi,* 1, p. 7-113, 1985.

BOSCO, C.; ITO, A.; KOMI, P. V.; LUHTANEN, P.; RAHKILA, P.; RUSKO, H.; VIITASALO, J. T. Neuromuscular function and mechanical efficiency of human leg extensor muscles during jumping exercises. *Acta Physiol Scand.,* 14(4), p. 543-50, apr. 1982.

BOSCO, C.; VIITASALO, J. T.; KOMI, P. V.; LUHTANEN, P. Combined effect of elastic energy and myoelectrical potentiation during stretch-shortening cycle exercise. *Acta Physiol Scand.,* 114(4), p. 557-65, apr. 1982.

BLACKEY, J. B.; SOUTHARD, D. The combined effects of weight training and plyometrics on dynamic leg strength and power. *J. Appl Sport Sci. Res.,* 1, p. 14-16, 1987.

CHU, D. A. *Explosive power and strength:* complex training for maximum results. Champaign: Human Kinetics, 1996.

CLUTCH, D.; WILSON, C.; MCGOWN, C.; BRYCE, G. R. The effect of depth jumps and weight training on leg strength and vertical jump. *Research Quarterly,* 54, p. 5-10, 1983.

DIALLO, O.; DORE, E.; DUCHE, P.; VAN PRAAGH, E. Effects of plyometric training followed by a reduced training programme on physical performance in prepubescent soccer players. *J. Sports Med. Phys Fitness,* 41(3), sep. 2001.

FATOUROS, I. G.; JAMURTAS, A. Z.; LEONTSINI, D.; TAXILDARIS, K.; KOSTOPOULOS, N.; BUCKENMYER, P. Evaluation of plyometric exercise training, weight training and their combination on vertical jump in performance and leg strength. *J. Strength Cond. Res.,* 14, p. 470-476.

FLECK, S. J.; KRAEMER, W, J. *Designing resistance training programs.* 3. ed. Champaign: Human Kinetics, 2004.

FORD JR., H. T.; PUCKETT, J. R.; DRUMMOND, J. P.; SAWYER, K.; GANTT, K.; FUSSELL, C. Effects of three combinations of plyometric and weight training programs on selected physical fitness test items. *Percept Mot Skills,* 56(3), p. 919-22, jun. 1982.

FROST *et al.* A biomechanical evaluation of resistance: fundamental concepts for training and sports performance. *Sports Med.,* 40(4), p. 303-26, apr. 2010.

GEHRI, D. J.; RICHARD, M. D.; KLEINER, D. M.; KIRKENDALL, D. T. A comparison of plyometric training techniques for improving vertical jump ability and energy production. *J. Strength Cond Res.,* 12, p. 85-89, 1998.

HILL, A. V. *First and last experiments in muscle mechanics.* Cambridge: Cambridge University, 1970.

IMPELLIZZERI *et al.* Effect of plyometric training on sand versus grass on muscle soreness and jumping and sprinting ability in soccer players. *Br. J. Sports Med.,* 42, p. 42-46, 2008.

KOMI, P. V. *Strength and power in sport.* Oxford: Blackwell, 1992.

LINTHORNE, N. P. Optimum take-off range in vertical jumping. In: *Book of abstracts. 3rd Australasian Biomechanics Conference, Griffith University,* p. 49-50, 31 jan. — 1º feb. 2000.

MACKALA *at al.* Biomechanical analysis of squat jump and countermovement jump from varying starting positions. *J. Strength Cond. Res.,* 27(10), oct. 2013.

MATAVULJ, D.; KUKOLJ, M.; UGARKOVIC, D.; TIHANYI, J.; JARIC, S. Effects of plyometric training on jumping performance in junior basketball players. *J. Sports Med. Phys Fitness,* 41(2), p. 159-64, jun. 2001.

MCGUIGAN *et al.* Eccentric utilization ratio: effect of sport and phase of training. *J. Strength Cond. Res.,* 20(4), nov. 2006.

MOORE, L. H. *et al.* Comparison of dynamic push-up training and plyometric push-up training on upper-body power and strength. *J. Strength Cond. Res.* 14, p. 248-53.

MOURA, N. A. Recomendações básicas para a seleção da altura de queda no treinamento pliométrico. *Boletin IAAF,* Centro Regional de Desarollo, Santa Fé, n. 12, 1994.

NATIONAL STRENGTH AND CONDITIONING ASSOCIATION. Position statement: Explosive/plyometric exercise. *NSCA. J.,* 15(3), p. 16, 1993.

NETTO *et al.* Treinamento de diferentes alturas do salto em profundidade. *Revista Digital*, Buenos Aires, año 12, n. 116, ene. 2008.

POTTEIGER, J. A.; LOCKWOOD, R. H.; HAUB, M. D.; DOLEZAL, B. A.; ALMUZAINI, K. S.; SCHROEDER, J. M.; ZEBRAS, C. J. Muscle power and fiber characteristics following 8 weeks of plyometric training. *J. Strength Cond. Res.*, 13, p. 275-79, 1999.

RIMMER, E.; SLEIVERT, G. Effects of plyometrics intervention program on sprint performance. *J. Srength Cond. Res.*, 14, p. 295-301, 2000.

RITZDORF, W. Strength and power training in sport. In: ELLIOTT, B. (ed.). *Training in sport:* applying sport science. Chichester: John Wiley & Sons, 1998.

WAGNER, D. R.; KOCAK, M. S. A multivariate approach to assessing anaerobic power following a plyometric training program. *J. Strength Cond. Res.*, 11, p. 251-255, 1997.

WILSON *et al.* The optimal training load for the development of dynamic athletic performance. *Med. Sci. Sports Exerc.*, 25(11), p. 1279-86, nov. 1993.

# Treinamento de Força com Oclusão Vascular

*Márcio Flávio Ruaro*

Nos últimos anos a ciência tem avançado na busca por diversos métodos de treinamento, com o objetivo de encontrar mais eficiência, segurança e inovação. Nessa perspectiva os estudos relacionados à prática do Treinamento de Força (TF) ou Treinamento Resistido (TR) têm aumentado significativamente. O TF vem despertando o interesse em profissionais da saúde, sendo muito estudado e utilizado na reabilitação de lesões, prevenção, melhora da *performance* esportiva e na promoção da saúde. Conseguir potencializar o TF, tornando-o mais eficiente talvez seja o objetivo da grande maioria dos métodos de treinamento.

Apesar de muitos acharem que este é um novo método de treinamento, ele foi desenvolvido a mais de 40 anos no Japão. Por volta de 1960 o cientista Japonês Yoshiaki Sato desenvolveu o método *Kaatsu Training*, submetendo os membros a pressões, assim reduzindo o fluxo sanguíneo envolvido na musculatura. Em 1967 Yoshiaki Sato inicia seus experimentos aplicando treinamentos de isquemia em seu próprio corpo, através de seus experimentos ele consegue estabelecer parâmetros seguros para determinar a pressão adequada do TF de baixa intensidade (SATO, 2005).

# CAPÍTULO 6

No ano de 1973, Sato sofreu um acidente grave quebrando alguns ossos e rompendo ligamentos do joelho, durante o processo de recuperação resolve utilizar o treinamento com oclusão vascular (que mesmo desenvolveu), o *Kaatsu Training*, e de forma surpreendente, após duas semanas de treinamento, seu médico constatou que não só havia ocorrido um impedimento no processo de atrofia muscular, típica em casos desta natureza, mas ao contrário disso, o músculo tinha hipertrofiado. Após essa experiência pessoal, Sato consegue concluir que havia estabelecido um parâmetro básico para a técnica do treinamento com Oclusão Vascular. Na década de 1990, Sato consegue a patente do treinamento com restrição do fluxo sanguíneo no Japão e depois nos países Alemanha, Itália, França e Estados Unidos (SATO *et al.*, 2005).

No Brasil o método *Kaatsu Training* é conhecido como Treinamento com Oclusão Vascular (TOV) ou Treinamento com Restrição de Fluxo Sanguíneo (TFRS). É uma metodologia que esta em grande evidência cientifica e se popularizando nas academias por todo país. A técnica consiste na utilização de dispositivos que bloqueiam ou restringem o fluxo sanguíneo para a musculatura ativa, proporcionando uma condição metabólica que favorece o desenvolvimento da força e a hipertrofia muscular, mesmo com a utilização de baixas intensidades de treinamento tem como características a utilização de cargas entre 20% — 50% de 1RM (TAKARADA *et al.*, 2000), e com restrição do fluxo sanguíneo no membro exercitado (TAKARADA *et al.*, 2000; SATO, 2005; KARABULUT *et al.*, 2009).

Este método de treinamento associado a exercícios de baixa intensidade com Oclusão Vascular (OV) representa uma alternativa importante para indivíduos intolerantes aos protocolos tradicionais de treinamento que preconizam exercícios de alta intensidade para o aumento da força e da hipertrofia muscular. Além de contribuir para a diminuição da atrofia muscular, o método atua na manutenção ou ganho de massa magra e no ganho de força muscular com utilização de menores cargas e repetições.

Ainda que o TOV exista há mais de 40 anos, somente em meados de 2000 o método efetivamente ganhou respeito no campo cientifico

(SATO, 2005). Estudos de Takarada *et al.* (2000) e Takarada *et al.* (2002) chamaram a atenção da comunidade científica por demonstrarem que as respostas crônicas no ganho de força e aumento massa muscular em atletas através do TOV, utilizando cargas relativamente menores que o TF convencional foram significativas durante o processo de treinamento.

Embora a literatura demonstre que o método de treinamento de baixa intensidade com restrição de fluxo sanguíneo apresente resultados importantes no aumento da força e hipertrofia, os efeitos cardiovasculares desse método requerer uma atenção da comunidade cientifica. Esta técnica é ideal para pessoas com problemas articulares e também para pessoas que passaram por recente processo cirúrgico, além de ser executado com baixas cargas o método promove uma recuperação surpreendente.

### EQUIPAMENTOS UTILIZADOS PARA O EXERCÍCIO COM OCLUSÃO VASCULAR

De acordo com os principais estudos já realizados sobre exercício com OV ou restrição de fluxo sanguíneo, os equipamentos mais indicados para serem utilizados de forma segura, são os Manguitos infláveis (bolsas pneumáticas) com manômetro (Figura 1) e Esfigmomanômetros (Figura 2), pois através destes equipamentos podem-se estabelecer os parâmetros corretos de oclusão.

# Figura 1. Manguito inflável com manômetro

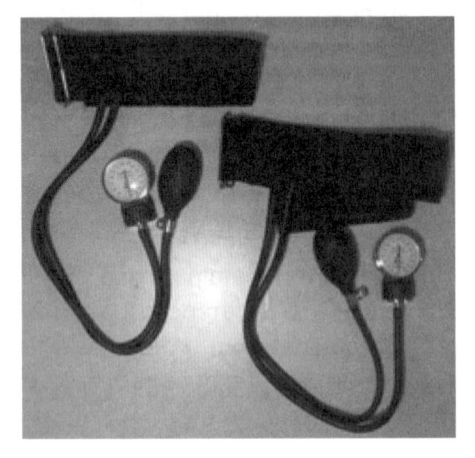

(Utilizado para o exercício de oclusão vascular).

# Figura 2. Esfigmomanômetro

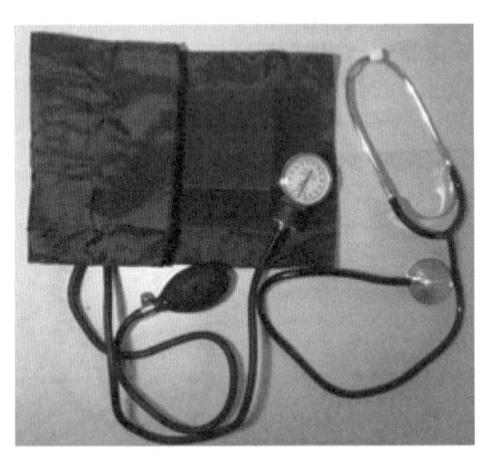

(É utilizado na mensuração da Pressão Arterial — PA como também no exercício com oclusão vascular).

O treinamento com oclusão vascular basicamente consiste na realização de exercícios com a restrição do fluxo sanguíneo na região onde esta sendo exercitada. É recomendado que os equipamentos sejam aplicados nas extremidades proximais dos membros superiores (inserção distal do músculo deltoide, parte proximal do braço) (Figuras 3 e 4) ou membros inferiores na parte proximal das coxas (na prega inguinal) (Figuras 5 e 6), para gerar a diminuição total ou parcial do fluxo sanguíneo nos vasos.

**Figura 3. Local de colocação do Manguito Inflável nos membros superiores**

**Figura 4. Local de colocação do Manguito Inflável nos membros superiores**

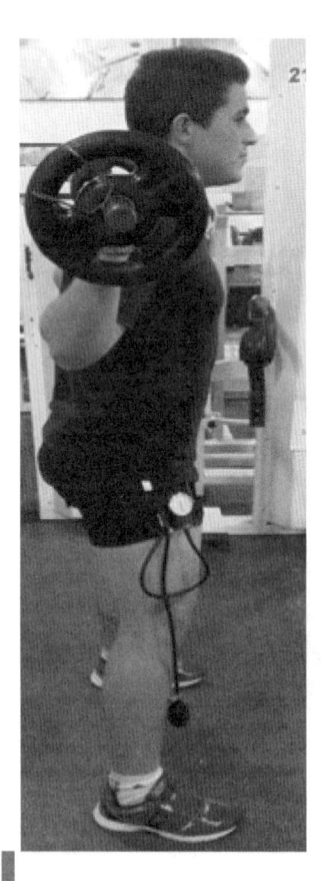

**Figura 5. Local de colocação do Manguito Inflável nos membros inferiores**

**Figura 6. Local de colocação do Manguito
Inflável nos membros inferiores**

A grande necessidade de utilizar equipamento específico (alto custo) para desenvolver o método talvez seja um dos maiores entraves que dificultam a utilização e aplicação nas academias. Neste sentido, alguns pesquisadores têm experimentado formas mais acessíveis e práticas para promover a RFS de maneira mais eficiente e segura. Em estudo realizado por Loenneke e Pujol (2009) sugeriram a utilização de elásticos (similares ao *teraband*) para fazer a restrição de fluxo sanguíneo. Porém, um dos principais fatores limitantes nesta técnica de utilização com elástico é a impossibilidade de aferir com exatidão a pressão de oclusão exercida no membro, o que aumentaria de forma considerável o risco de lesões e entre outros efeitos negativos no corpo.

Já em estudo realizado por Wilson (2013), foi proposta a utilização de uma escala subjetiva de pressão com elásticos para quantificar a pressão adequada no exercício com oclusão vascular. Os autores identificaram que em uma escala de 0 a 10, que os valores subjetivos próximos a 7 seriam considerados os ideais para os efeitos esperados no exercício com oclusão.

A escala de Wilson (2013) ficou relatada desta forma: 0 — sem pressão; 7 — pressão moderada sem dor (a mais segura pressão para treinamento em oclusão vascular) e 10 — pressão intensa com dor (totalmente contraindicada). No estudo utilizado para fazer a validação da escala o autor observou que a percepção de 7 (0-10) representou um total de oclusão venosa, mas sem oclusão arterial. A partir disso, foi encontrada uma condição de aumento agudo do estresse metabólico, e de vários outros sinais típicos do treinamento com oclusão vascular ou RFS.

### DIRETRIZES PARA UTILIZAÇÃO DO MÉTODO DE TREINAMENTO COM OCLUSÃO VASCULAR

O equipamento só deve ser utilizado sob a supervisão de um profissional da saúde qualificado e habilitado. Se for utilizar o método com a finalidade do treinamento físico, quem deverá fazer a supervisão e prescrição é o profissional de Educação Física, em caso da utilização for à reabilitação, o profissional de Fisioterapia.

Como o objetivo do manguito inflável é proporcionar uma oclusão total do fluxo venoso, sem restringir o fluxo arterial, a pressão de oclusão utilizada deve ser menor do que a pressão de oclusão total do fluxo sanguíneo (SCOTT *et al.*, 2015).

Para mensurar a pressão total de oclusão nos membros superiores, o individuo deve colocar o manguito inflável em um dos membros, depois encontrar o pulso radial através do método palpatório, inflar o manguito com a válvula fechada até que o pulso radial desapareça. O individuo deve fazer a mensuração da Pressão Arterial — PA com o aparelho (esfigmomanômetro), após esse procedimento, deve-se e estabelecer um parâmetro de 50% a 70% da Pressão Arterial Sistólica — PAS.

A literatura sugere um parâmetro de pressão que deve ser estabelecido entre 120 mmHg e 192 mmHg. Em estudo realizado com idosas, foi utilizado como parâmetro de oclusão 70% da Pressão Arterial Sistólica, obtendo resultados importantes no aumento da força, melhora nos parâmetros bioquímicos e hemodinâmicos (RUARO, 2015).

A realização de exercícios resistidos com restrição de fluxo sanguíneo devem enfatizar cargas de baixa intensidade (entre 20% a 50% de 1RM), pois o objetivo é elevar o estresse metabólico e o nível de ativação muscular. Deve ser mantida a pressão do manguito inflável no membro, durante todo o tempo de execução da série e também no intervalo de cada repetição.

### PROTOCOLOS DE TREINAMENTO COM OCLUSÃO VASCULAR

Na literatura cientifica podem ser encontrados diferentes protocolos de *Kaatsu Training,* eles foram e estão sendo desenvolvidos para o treinamento em diversas atividades físicas como corridas, ciclismos, caminhada, treinamento com pesos e entre outros. Estudos de Abe *et al.* (2006) demonstram que mesmo através da prática de uma caminhada a 20% do Vo2máximo com oclusão vascular, o método pode proporcionar aumento da força e da massa muscular em indivíduos destreinados. De acordo com Abe *et al.* (2006), mesmo sendo uma técnica que interfere diretamente no fluxo sanguíneo, a OV não representa riscos à saúde dos indivíduos que utilizam de acordo com os protocolos de segurança.

Como descrito no parágrafo anterior, existem diversos protocolos prescritos para utilização do exercício com oclusão vascular. Abaixo estão listados os mais utilizados e comprovados pelos estudos científicos, e que podem ser aplicados no treinamento:

1. Pressão de oclusão: 50% a 70% da PAS (segura).

2. Carga: 20% a 50% de 1RM.

3. Séries e repetições:

a) 1 Série de 30 repetições + 3 séries de 15 repetições em adultos saudáveis (SCOTT *et al.*, 2014);

b) 3 Séries de 15 repetições (flexão de punho) em idosos (RUARO, 2015);

c) 2 a 4 séries até a falha concêntrica (POPE *et al.*, 2013; TEIXEIRA, 2015; CORRÊA *et al.*, 2016);

d) 2 a 4 séries, de 10 a 15 repetições (POPE *et al.*, 2013).

4. O treinamento com oclusão pode ser realizado de 2 a 3 vezes na semana (RUARO, 2015).

5. Podem ser realizados de 1 a 3 tipos de exercício de oclusão vascular por bloco.

6. A pressão deve ser mantida durante a realização de toda a série de exercício com oclusão, aproximadamente 5 minutos por bloco de exercícios. Caso tenha a necessidade, a pressão poderá ser ajustada no manguito inflável durante o repouso da série. Após o término do exercício com oclusão deve ser respeitado um intervalo de cinco minutos para reperfusão e recuperação (POPE *et al.*, 2013; TEIXEIRA, 2015).

Exemplos de alguns exercícios que podem ser utilizados no treinamento com oclusão vascular:

1. Agachamento (Figuras 7 e 8).

2. Rosca direta com barra (Figuras 9 e 10).

3. Rosca Scott com barra (Figura 11).

4. Extensão do Quadríceps (Figuras 12 e 13).

5. Flexão de punho (Figura 14).

## Figura 7. Agachamento

## Figura 8. Agachamento

**Figura 9. Rosca direta com barra (vista frontal)**

**Figura 10. Rosca direta com barra (vista lateral)**

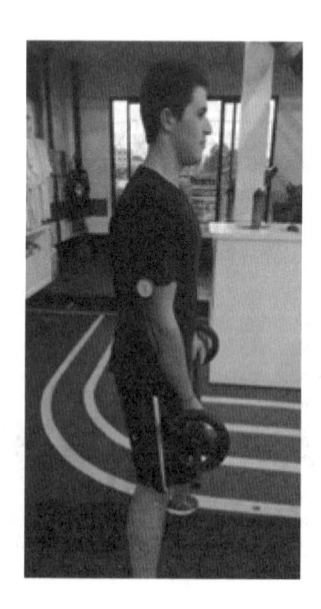

**Figura 11. Rosca *Scott* com barra (vista lateral)**

**Figura 12. Extensão do quadríceps (Vista lateral)**

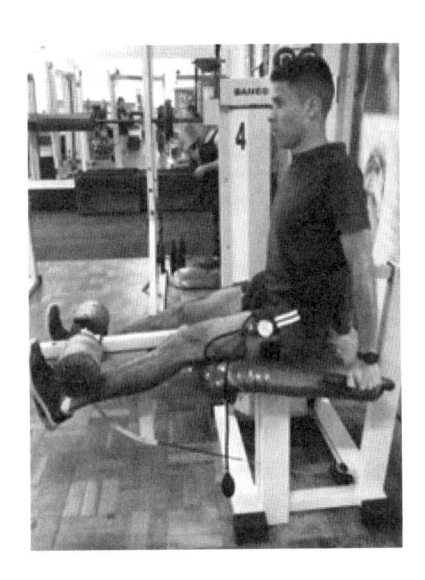

## Figura 13. Extensão do quadríceps (Vista frontal)

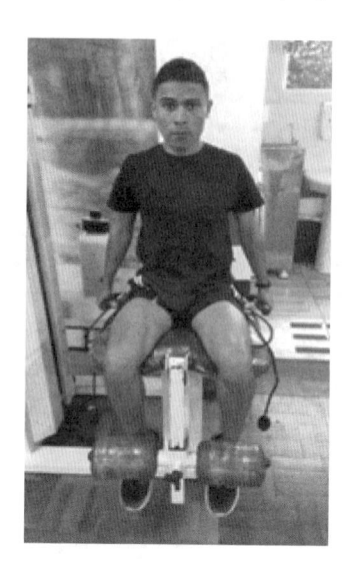

## Figura 14. Flexão de punho

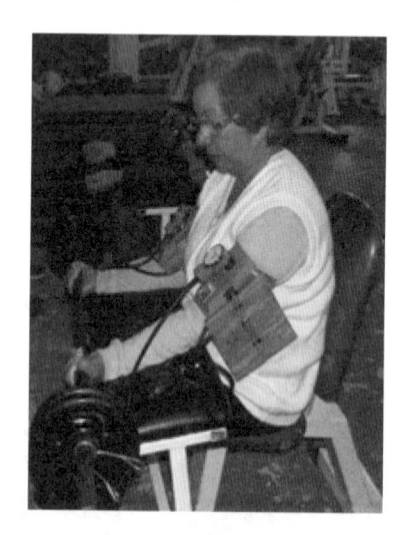

## PRINCIPAIS EVIDÊNCIAS CIENTÍFICAS SOBRE O TREINAMENTO COM OCLUSÃO VASCULAR

Diferentes estudos demonstram que o Treinamento de Força + Oclusão Vascular (TFOV) não somente contribui para o aumento da força e hipertrofia muscular, como também no aumento da ativação neuromuscular por parte das unidades motoras, desta forma, proporcionando um aumento no recrutamento de fibras e consequentemente aumentando a tensão do músculo (MOORE *et al.*, 2004; FUJITA *et al.*, 2007).

Nesse sentido, Takarada *et al.* (2000a) demonstram que exercícios de OV realizados com peso e de baixa intensidade (40% — 50% 1RM) através do uso de um torniquete isquêmico de 50 — 200 mm Hg podem proporcionar um aumento de força semelhante ao de exercícios desenvolvidos com alta intensidade e sem o uso da oclusão. Para Karabulut *et al.* (2009) exercícios de força realizados com OV e que utilizam cargas entre 20% e 50% de 1RM podem atingir resultados semelhantes aos protocolos com maior intensidade sem OV.

Para Reeves *et al.* (2006), os estudos que envolvem o TF com baixa intensidade e OV parcial mostraram que o ganho na força muscular e aumento da massa magra foram semelhantes ou superiores aos observados no TF tradicional com cargas elevadas. Em estudo recente, jovens atletas participaram de um TFOV de baixa intensidade num período de 8 semanas; os autores observaram que independente da OV, carga ou volume, os atletas produziram resultados semelhantes de hipertrofia e força muscular, ou seja, em curto período de treinamento a resposta do TFOV não demonstrou uma grande diferença em relação ao treinamento tradicional (BARCELOS *et al.*, 2015).

Nesse sentido, diversos estudos têm demonstrado que a técnica de OV associada ao TF com baixa intensidade pode promover resultados significativos em diferentes variáveis de estudo (TAKARADA *et al.*, 2000a; OHTA *et al.*, 2003; YOKOKAWA *et al.*, 2008; LAURENTINO *et al.*, 2008; SUMIDE *et al.*, 2009; YASUDA *et al.*, 2010; KARABULUT *et al.*, 2010; LAURENTINO, 2010; SATOH, 2011; OZAKI *et al.*, 2011; KARABULUT *et al.*, 2011; TEIXEIRA, HESPANHOL; MARQUEZ, 2012; TEIXEIRA; ROCHA, 2014). Porém, é importante ressaltar que há também na literatura relatos de que a Oclusão Vascular (OV) completa por períodos acima de quatro horas pode promover sérios danos ao tecido músculo esquelético (WIERSEMA *et al.*, 2000; TORRES *et al.*, 2003; JEPSON, 2010).

Outros estudos demonstraram que a prática do TOV também pode apresentar alguns efeitos colaterais (KARABULUT *et al.*, 2010). Nakajima *et al.* (2006) realizaram um estudo com OV e mapearam 12.642 pessoas (Mulheres 54,6%, homens 45,4%) com idade entre 20 a 80 anos. O treinamento foi feito no Japão com objetivo de melhorar a força muscular dos atletas e promover a qualidade de vida das pessoas e indivíduos com idade acima de 60 anos. Apresentaram os seguintes efeitos colaterais: trombose (0,005%), embolia pulmonar (0,008%) e rabdomiólise (Síndrome grave que ocorre devido a uma lesão muscular direta ou indireta) (0,008%), proporcionando hematomas nos membros onde foram inseridos os manguitos.

Nesse sentido as evidencias de diferentes autores afirmam que a técnica de TRFS associado a diversos protocolos de exercício com menor intensidade podem proporcionar melhoras significativas em relação ao volume e função dos músculos, remodelação óssea e funções hemodinâmicas (TAKARADA *et al.*, 2000a; OHTA *et al.*, 2003; YOKOKAWA *et al.*, 2008; LAURENTINO *et al.*, 2008; SUMIDE *et al.*, 2009; YASUDA *et al.*, 2010; KARABULUT *et al.*, 2010; LOENNEKE *et al.*, 2010; LAURENTINO, 2010; SATOH, 2011; OZAKI *et al.*, 2011; KARABULUT *et al.*, 2011; TEIXEIRA, HESPANHOL; MARQUEZ, 2012; TEIXEIRA).

Estudos de Sato; Abe; Kearn (2006) e Nakajima *et al.* (2007) estimam que mais de duzentas mil pessoas (atletas, desportistas e idosos) já realizaram o TOV para aumento da força muscular, desempenho atlético, reabilitação de doenças ou na manutenção da saúde.

Recentemente estudos de Ruaro (2015), evidenciaram que a aplicação de um exercício de flexão de punho com oclusão vascular antes do treinamento tradicional em idosas, 2 vezes por semana durante 4 meses, pode ser eficaz na melhora dos parâmetros hemodinâmicos (redução significativa da Pressão Arterial — PA), bioquímicos (aumento na produção do hormônio do crescimento — GH e no hormônio da remodelação óssea — Paratormônio) e de força (melhora na capacidade funcional).

## MECANISMOS FISIOLÓGICOS ENVOLVIDOS NO EXERCÍCIO COM OCLUSÃO VASCULAR

Diferentes mecanismos fisiológicos estão envolvidos na execução do exercício de oclusão vascular. A redução do fluxo sanguíneo muscular durante exercícios resistidos tem demonstrado resultados positivos no ganho de força e hipertrofia muscular em relação ao treinamento de força tradicional de alta intensidade, porém com utilização de cargas inferiores durante o exercício (OZAKI *et al.*, 2011). O Fluxo sanguíneo é extremamente importante no transporte do oxigênio para o músculo durante o exercício, pois para a execução do exercício máximo é necessário aumentar e manter o fluxo de sangue para atender a essa demanda de oxigênio (YASUDA *et al.*, 2009).

De acordo com Fujita (2007) a restrição do fluxo sanguíneo durante o exercício de baixa intensidade pode aumentar a resistência, fosforilação oxidativa e síntese proteica muscular, além da promoção do incremento da força, tanto quanto em exercícios de restrição convencionais com cargas mais elevadas. No entanto, esse mecanismo celular no ganho de força causado pela restrição de fluxo sanguíneo deve ser mais bem estudado, pois não são conhecidos completamente (FUJITA *et al.*, 2007).

Estudos evidenciam a promoção nas alterações metabólicas importantes, sinalizando o aumento da síntese de proteínas e diminuindo as vias de degradação proteicas com objetivo de ganhar força e massa muscular (TAKARADA *et al.*, 2000a; OHTA *et al.*, 2003; YOKOKAWA *et al.*, 2008; LAURENTINO *et al.*, 2008; SUMIDE *et al.*, 2009; YASUDA *et al.*, 2010; KARABULUT *et al.*, 2010; LAURENTINO, 2010; SATOH, 2011; OZAKI *et al.*, 2011; KARABULUT *et al.*, 2011; TEIXEIRA, HESPANHOL; MARQUEZ, 2012; TEIXEIRA; ROCHA, 2014).

Dentre os mecanismos que envolvem o processo de restrição do fluxo sanguíneo destacam-se algumas melhorias relação à sensibilidade a insulina, aumento da lipólise, aumento do hormônio do crescimento (GH) e fator de crescimento insulínico (IGF-1), aumento na formação de ossos, melhoria da função endotelial e entre outros (FUJITA *et al.*, 2007). Os pesquisadores verificaram um aumento expressivo na proteína S6-kinase como efeito agudo após um treinamento a 20% de 1RM com

Oclusão Vascular (OV), sinalizando um aumento importante na síntese proteica, assim, caracterizando também o aumento na hipertrofia muscular. Gentil (2011) também destaca que a importância do exercício com OV na contribuição para o aumento nos níveis de GH e IGF-1 circulantes.

Além disso, outros estudos demonstraram um aumento em diferentes proteínas que participaram diretamente na sinalização da hipertrofia muscular como o complexo da proteína quinasse b (AKt), proteínas de choque térmico, oxido nítrico sintetase, activina IIB e a miostina (LOENNEKE *et al.*, 2010). Estudos de Drummond *et. al.* (2008) e Laurentino *et al.* (2012) apontaram que o exercício com OV contribuiu para diminuição da miostatina, bem como no aumento da folistatina em termos agudos quanto crônicos.

Yasuda *et al.* (2008) verificaram que o padrão de recrutamento de unidades motoras foi alterado para ao recrutamento de unidades motoras grandes em situações de redução de aporte de oxigênio e acúmulo de metabólitos. Neste mesmo estudo os pesquisadores demonstraram que as fibras do tipo 2 são recrutadas simultaneamente a fibras do tipo 1 com uma porcentagem de carga baixa. A ativação se deve ao acúmulo de metabólitos em conjunto com a queda do PH e um aumento da acidez, assim, ativando os metaborreceptores periféricos que estimulariam a via simpática nervosa (YASUDA *et al.*, 2008).

De acordo com Gentil *et al.* (2011) a realização de contrações isométricas onde a musculatura esteja de certa forma encurtada podem favorecer o acúmulo de metabolitos e simular a prática do treinamento com garrotes ou protocolos com utilização do esfigmomanômetro, promovendo uma maior acúmulo de metabólitos através da geração de contrações concêntricas e isométricas. Diversos autores também demonstram estudos interessantes nos tendões em relação aos efeitos do Exercício com Oclusão Vascular (EOV), apontam que a síntese de colágeno nos tendões e a redução da rigidez têm sido vistos após os períodos de treinamento de métodos onde o acúmulo de metabólitos foi a principal estratégia (KLEIN *et al.*, 2001; YALAMANCHI *et al.*, 2004; KUBO *et al.*, 2006).

Em relação aos aspectos de dor na execução do EOV, os pesquisadores apontam que a percepção de dor relatada por indivíduos que foram submetidos ao TRFS com baixas cargas não é diferente aos que realizaram treinamento de força com cargas mais elevadas e sem a restrição de fluxo sanguíneo (WEATHERHOLT *et al.*, 2013).

Já em relação ao sistema cardiovascular a pesquisa de Nakajima *et al.* (2006) afirma que o acúmulo de sangue no sistema venoso proporcionado pelo EOV diminui a pré-carga cardíaca durante a execução do exercício, podendo ser benéfica na reabilitação de pacientes com problemas cardíacos, porém ainda precisa-se de mais evidencias neste sentido. Alguns estudos têm demonstrado que não somente a hipóxia local podem produzir alterações metabólicas e hormonais em indivíduos submetidos ao EOV de baixa intensidade, mas também a hipóxia sistêmica (KON *et al.*, 2010; KON *et al.*, 2012; COOK *et al.*, 2013).

Com relação aos biomarcadores estudos evidenciam um aumento importante dos níveis de lactato (LAC), demonstrando que o efeito do EOV com menor carga pode estar associado ao aumento do recrutamento de fibras musculares promovidas pela pressão do EOV e que nesse sentido ainda poderia favorecer o acúmulo de maior LAC no grupo muscular trabalhado (SCHOTT; MCCULLY; RUTHERFORD, 1995; TAKARADA *et al.*, 2000b; KAWADA; ISHII, 2005).

### CONSIDERAÇÕES FINAIS

O treinamento com exercícios de baixa intensidade através do uso da técnica de oclusão vascular (restrição de fluxo sanguíneo) possibilita a promoção de efeitos positivos sobre a força muscular e a hipertrofia, através da utilização de cargas bem abaixo das recomendadas pelo Colégio Americano de Medicina Desportiva (ACSM), sendo assim, pode ser uma importante estratégia de aplicação em indivíduos que apresentem alguma impossibilidade articular no treinamento com cargas de alta intensidade.

A aplicação desse método de treinamento possibilita atender as necessidades de idosos, pacientes em programas de reabilitação e iniciantes no treinamento resistido. É importante salientar ainda que em alguns casos os idosos não conseguem treinar com cargas elevadas e através desta técnica eles poderiam se beneficiar não obtendo prejuízos articulares. Assim sendo, esse método de trabalho oferece uma nova proposta para profissionais de Educação Física, Fisioterapia e Medicina.

### REFERÊNCIAS BIBLIOGRÁFICAS

ABE, T. *et al.* Day-to-day change in muscle strength and MRI-measured skeletal muscle size during 7 days KAATSU resistance training: a case study. *International Journal Kaatsu Training Research,* v. 1, n. 1, p. 71-76, 2005.

BARCELOS, L. C. *et al.* Low-load resistance training promotes muscular adaptation regardless of vascular occlusion, load, or volume. *Euro Journal Appl Physiol.,* v. 115, n. 1, p.1559-1568, 2015.

COOK *et al.* Occlusion training can improve strength and power in trained athletes. *Journal Sports Physiology Perform.,* 2013.

CORRÊA, D. A. *et al.* Breve revisão dos efeitos do treinamento de força com restrição vascular nas adaptações musculares de força e hipertrofia. *Rev. CPAQV* 8(2):1-9, 2106.

DRUMMOND, M. *et al.* Human muscle gene expression following resistance exercise and blood flow restriction. *Medicine & Science in Sports & Exercise,* v. 40, n. 1, p. 691-698, 2008.

FUJITA, S. *et al.* Blood flow restriction during low-intensity resistance exercise increases S6K1 phosphorylation and muscle protein synthesis. *Journal Appl Physiology,* v. 103, n. 1, p. 903-910, 2007.

FUKUBA, Y. *et al.* Effects of femoral vascular occlusion on ventilatory responses during recovery from exercise in human. *Respir. Physiol Neurobiol,* v. 155, n. 1, p. 29-34, 2006.

_____ . Low intensity kaatsu resistance exercises using an elastic band enhance muscle activation in patients with cardiovascular diseases. *International Journal of KAATSU Training Research,* v. 9, n. 1, p. 1-5, 2013.

GENTIL, P. *Bases científicas do treinamento de hipertrofia.* Rio de Janeiro: Sprint, 2011.

GENTIL, P.; OLIVEIRA, E.; BOTTARO, M. Efeitos agudos de vários métodos de treinamento de força no lactato sanguíneo e características de cargas em homens treinados recreacionalmente. *Revista Brasileira Medicina Esporte,* v. 12, n. 6, p. 303-307, 2006.

JEPSON, P. N. Ischemia contracture: an experimental study. *Ann Institute of Advanced Medical Technology*, p. 292-297, 2010.

KARABULUT, M. *et al*. The effects of low-intensity resistance training with vascular restriction on leg muscle strength in older men. *Euro Journal Appl Physiology*. v. 108, n. 1, p. 147-55, 2010.

_____ . Effects of high-intensity resistance training and low-intensity resistance training with vascular restriction on bone markers in older men. *Euro Jornaul Appl. Physiology*, v. 111, n. 8, p. 1659-1667, 2011.

_____ . The effects of low-intensity resistance training with vascular restriction on leg muscle strength in older men. *Euro Journal Appl Physiology*, v. 108, n. 1, p. 147-155, 2009.

_____ . Neuromuscular fatigue following low-intensity dynamic exercise with externally applied vascular restriction. *J. Electromyogr Kinesiol*, v. 20, n. 3, p. 440-447, 2010.

KAWADA, S.; ISHII, N. Skeletal muscle hypertrophy after chronic restriction of venous blood flow in rats. *Medicine Science Sports Exercise*, v. 37, n. 1, p. 1144-1150, 2005.

KLEIN, M.B. *et al*. Flexor tendon wound healing in vitro: the effect of lactate on tendon cell proliferation and collagen production**.** *Journal Hand Surg Am.*, 26(5), p. 847-54, sep. 2001.

KON, M. *et al*. Effects of acute hypoxia on metabolic and hormonal responses to resistance exercise. *Medicine Science Sports Exercise*, v. 42, n. 7, p. 1279-85, 2010.

_____ . Effects of low intensity resistance exercise under acute systemic hypoxia on hormonal responses. *Journal Strength Cond. Res.*, v. 26, n. 3, p. 611–617, 2012.

KUBO, K. *et al*. Effects of low-load resistance training with vascular occlusion on the mechanical properties of muscle and tendon. *Journal Appl Biomech.*, v. 22, n. 2, p. 90-112, 2006.

LAURENTINO, G. C. *Treinamento de força com oclusão vascular:* adaptações neuromusculares e moleculares. Tese (Doutorado) – Escola de Educação Física e Esporte, Universidade de São Paulo, São Paulo, 2010.

LAURENTINO, G. *et al*. Effects of strength training and vascular occlusion. *Int Journal Sports Medicine*, v. 29, n. 8, p. 664-667, 2008.

_____ . Strength training with blood flow restriction diminishes myostatin gene expression. *Med. Sci. Sports Exerc.*, 44(3), p. 406-12, 2012.

LOENNEKE, J. P.; PUJOL, T. J. The use of occlusion training for produce the muscle hypertrophy. *Strength and Conditioning Journal,* 2009.

MATHIAS, W. *et. al.* Acute low-load resistance exercise with and without blood flow restriction increased protein signalling and number of satellite cells in human skeletal muscle. *Euro Journal Appl. Physiology,* v. 113, p. 2953–2965, 2013.

MATSUDO, S. M. Envelhecimento, atividade física e saúde. *Revista Mineira de Educação Física,* Viçosa, v. 10, n. 1, p. 48-78, 2002.

MATSUDO, S., MATSUDO, V.; BARROS, N. Atividade física e qualidade de vida em idosos. *Revista Saúde e Pesquisa*, v. 4, n. 3, p. 417-424, set./dez. 2011.

MAZO, G. Z. *Atividade física, qualidade de vida e envelhecimento.* Porto Alegre: Sulina, 2008.

MAZO, G. Z.; CARDOSO, F. L.; AGUIAR, D. L. Programa de hidroginástica para idosos: motivação, autoestima e autoimagem. *Revista Brasileira de Cineantro-pometria e Desempenho Humano,* v. 8, n. 2, p. 67-72, 2006.

MOORE, D. R. *et al.* Neuromuscular adaptation in human muscle following low intensity resistance training with vascular occlusion. *European Journal of Applied Physiology, Bethesda,* v. 92, n. 4-5, p. 399-406, 2004.

NAKAJIMA, T. Kaatsu Training and muscle growth. recent rehabilitation medicine for rehabilitative medicine and comedicine. *Eur. J. Appl Physiol,* v. 75, n. 1, p. 200-205, 1997.

NAKAJIMA, T. Kaatsu training and thickening of the muscle. In: KOZUKI, M. *et al.* (ed.). Latest rehabilitation medicine for rehabilitation physicians and health-care professionals (in Japanese). *Advanced Medical Series,* 40. Japan: Advanced Medical Technology Institute, p. 292-297, 2010.

NAKAJIMA, T. *et al.* Effects of Kaatsu training on haemostasis in healthy subjects. *International Journal of Kaatsu Training Research*, v. 3, n. 1, p. 11-20, 2007.

OHTA, H. *et al.* Low-load resistance muscular training with moderate restriction of blood flow after anterior cruciate ligament reconstruction. *Acta Orthop Scand.,* v. 74, n. 1, p. 62-8, 2003.

_____ . Increases in thigh muscle volume and strength by walking training with leg blood flow reduction in older participantes. *Journal Gerontology Abiol Science Medicine,* v. 66A, n. 3, p. 257-263, 2011.

POPE, Z. K. *et al*. Exercise and blood flow restricion. *J. Strength Cond Res.*, 27(10), p. 2914-26, 2013.

REEVES, G. V. Comparison of hormone responses following light resistance exercise with partial vascular occlusion and moderately difficult resistance exercise without occlusion. *Journal Appl Physioliology*, v. 101, n. 1, p. 1616–1622, 2006.

RUARO, Márcio Flávio. *Eficácia do exercício com oclusão vascular associado ao treinamento de força em idosas:* ensaio clínico randomizado. Dissertação de mestrado em Ciências da Saúde — UNOCHAPECÓ. Chapecó, 2015.

SATO, Y. The history and future KAATSU training. *International Journal of Kaatsu Training Research*, v. 1, n. 1, 2005.

SATO, Y.; ABE, T.; KEARN, S. C. F. Muscle size and strength are increased following walk training with restricted venous blood flow from the leg muscle, KAATSU-walk training. *J. Appl Physiol.*, v. 100, n. 1, p. 1460-1466, 2006.

SATO, Y.; YOSHITOMI, A.; ABE, T. Acute growth hormone response to low-intensity kaatsu resistance exercise: Comparison between arm and leg. *International Journal of Kaatsu Training Research*, v. 1, n. 2, p. 45-50, 2005.

SATOH, I. Kaatsu training: application to metabolic syndrome**.** *International Journal Kaatsu Training Research*, v. 7, n. 1, p. 7-12, 2011.

SBC — Sociedade Brasileira de Cardiologia/Sociedade Brasileira de Hipertensão/ Sociedade Brasileira de Nefrologia. *VI Diretrizes Brasileiras de Hipertensão*. Arquivos Brasileiros de Cardiologia, 95(1/1), p. 1-51, 2010.

SCOTT, B. R. *et al*. Exercise with blood flow restriction: an updated evidence -based approach for enhanced muscular development. *Sports Medicine*, 2014.

SCHOTT, J.; MCCULLY, K.; RUTHERFORD, O, M. The role of metabolites in strength training. II. Short versus long isometric contractions. *Euro Journal Appl. Physiol.*, v. 71, n. 1, p. 337-341, 1995.

SUMIDE, T. *et al*. Effect of resistance exercise combined with relatively low vascular occlusion. *J. Sci. Med. Sport*, v. 12, n. 1, p. 107-112, 2009.

TAKANO, H. *et al*. Effects of low-intensity "KAATSU" resistance exercise on hemodynamic and growth hormone responses. *Int. J. Kaatsu Training Res.*, v. 1, n. 1, p. 13-18, 2005a.

_____ . Hemodynamic and hormonal responses to a short-term low-intensity resistance exercise with the reduction of muscle blood flow. *Eur. J. Appl. Physiol.*, v. 95, p. 65-73, 2005b.

TAKARADA, Y. *et al.* Rapid increase in plasma growth hormone after low-intensity resistance exercise with vascular occlusion. *The American Physiological Society*, 88, p. 61-65, 2000b.

_____ . Effects of resistance exercise combined with moderate vascular occlusion on muscular function in humans. *American Physiological Society,* v. 88, n. 6, p. 2097-2106, 2000.

TAKARADA, Y.; SATO, Y.; ISHII, N. Effects of resistance exercise combined with vascular occlusion on muscle function in athletes. *Eur J. Appl. Physiol.*, 86(4), p. 308-14, feb. 2002.

_____ . Effects of resistance exercise combined with vascular occlusion on muscle function in athletes. *Euro Journal Appl Physiol.,* v. 86, n. 1, p. 308-314, 2002.

_____ . Effects cooperative effects of exercise and occlusive stimuli on muscular function in low-intensity resistance exercise with moderate vascular occlusion. *Journal Physiology*, v. 54, n. 6, p. 585-92, 2004.

TEIXEIRA, A. V.; ROCHA, G. M. Efeito de um protocolo de treinamento de força periodizado sobre a composição corporal de mulheres com idade entre 50 e 60 anos. *Revista Brasileira de Prescrição e Fisiologia do Exercício,* São Paulo, v. 8, n. 44, p. 117-124, mar./abr. 2014.

TEIXEIRA, C. V. L. S. *Métodos avançados de treinamento para hipertrofia.* 2. ed. Charleston: Create Space, 2015.

TEIXEIRA, D. C. *et al.* Efeitos de um programa de exercício físico para idosas sobre variáveis neuromotoras, antropométrica e medo de cair. *Rev. Bras. Educ. Fís. Esporte,* São Paulo, v. 21, n. 2, p. 107-20, abr./jun. 2007.

TEIXEIRA, E. L.; HESPANHOL, K. C.; MARQUEZ, T. B. Efeito do treinamento resistido com oclusão vascular em idosas. *Revista Brasileira de Prescrição e Fisiologia do Exercício,* v. 6, n. 36, p. 560-568, 2012.

TEIXEIRA, L. F. *Atividade física adaptada e saúde:* da teoria a prática. São Paulo: Phorte, 2008.

_____ . *Nível de atividade física e quedas em idosos da comunidade: um estudo exploratório.* Dissertação de Mestrado. São Paulo: UNICID, 2011.

TEIXEIRA, L. M. F. *Solidão, depressão e qualidade de vida em idosos:* um estudo avaliativo exploratório e implementação — de um programa de intervenção. Dissertação de Mestrado. Universidade de Lisboa, 2010.

TORRES, J. M. S. *et al.* Efeitos metabólicos da l-alanil-glutamina em ratos submetidos a isquemia da pata traseira esquerda seguida de reperfusão. *Acta Cir Bras.*, v. 18, n. 1, p. 39-44, 2003.

WEATHERHOLT, A. *et al.* Modified Kaatsu training: adaptations and subject perceptions. *Medicine Science Sports Exercice,* v. 45(5), p. 952-61, 2013.

WIERSEMA, A. M. *et al.* Early assessment of skeletal muscle damage after ischaemia-reperfusion injury using Tc-99m-glucarate. *Cardiovascular,* v. 8, n, 1, p. 186-91, 2000.

WILSON, J. M. Practional blood flow restriction training acute determinants of Hypertrophy without increasing indices muscle damage. *Journal of Strength and Conditioning Research,* 2013.

YALAMANCHI, N. *et al.* Flexor tendon wound healing in vitro: lactate up-regulation of TGF-beta expression and functional activity. *Plast Reconstr Surg.*, v. 113(2), p. 625-32, 2004.

YASUDA, T. *et al.* Muscle activation during low-intensity muscle contractions with restricted blood flow. *J. Sports Sci.*, 27(5), p. 479-89, 2009.

_____ . Venous blood gas and metabolite response to low-intensity muscle contractions with external limb compression. *Metabolism.*, v. 59, n. 10, p. 1510-1519, 2010.

YOKOKAWA, Y. *et al.* Effects of low-intensity resistance exercise with vascular occlusion on physical function in healthy elderly people. *Bioscience Trends,* v. 2, n. 3, p. 117-123, 2008.

# CAPÍTULO 7

# Levantamento Peso Olímpico (LPO) na Preparação Física

*João Coutinho*

## FUNDAMENTOS

Resumindo, o que inúmeros estudos científicos mostram é que para aumentar a potência muscular, as pessoas precisam treinar com movimentos que envolvam uma rápida aceleração contra uma determinada resistência durante toda a amplitude articular do movimento, sem a necessidade de desacelerar no final[56][57][58]. Esse tipo de ação é conhecida como **movimento balístico**. Exercícios balísticos são executados com máximo esforço obtendo elevados níveis de Taxa de Desenvolvimento de Força (TDF) e de força explosiva. Em geral, esses exercícios requerem cargas submáximas para maximizar a potência.

---

(56) FLECK, S. J.; KRAEMER, W. J. *Treinamento de força para o esporte*. Porto Alegre: Artmed, 2006.

(57) SCHMIDTBLEICHER, D. Training for power events. In: KOMI, P. V. (ed.) *Strength and power in sport*. Oxford: Blackwell Scientific, 2003. p. 381-395.

(58) DANTAS, E.; COUTINHO, J. *Força e potência no esporte:* levantamento olímpico. 1. ed. São Paulo: Ícone, 2010.

Os exercícios pliométricos — como os lançamentos, multisaltos e os saltos em profundidade — não requerem desaceleração ao final do movimento, sendo ótimos exemplos de exercícios balísticos. Os de LPO também possuem essa mesma característica balística, pois a barra é "arremessada" do solo, sendo posteriormente amortecida pelo atleta.

Os exercícios de LPO utilizam a extensão simultânea dos membros inferiores (a chamada "tripla extensão"), além de contramovimentos e ações explosivas dentro de um raio angular muito próximo ao do salto vertical. Essas características têm um enorme potencial de transferência neuromuscular para movimentos como correr e saltar.

A maioria dos estudos científicos aponta a relação direta entre o LPO e o salto vertical. Recentemente, alguns estudos também demonstraram os efeitos do treinamento com o LPO e o aumento de desempenho em *sprints*, mudanças de direção e arremesso de peso[59][60].

Nos movimentos de LPO a intenção de velocidade do movimento é sempre máxima, o que induz a uma melhor sincronização das unidades motoras e um aumento da *Taxa de Desenvolvimento de Força* (TDF). A possibilidade de aumento de carga nos levantamentos parece ser o fator determinante para o treinamento da potência. Nesse aspecto, a técnica de levantamento do LPO permite adicionar mais peso na barra sem negligenciar a intenção de máxima velocidade do movimento, fazendo a TDF ser mais importante que a capacidade de força máxima. Concluindo, o LPO permite o treino com elevadas cargas e com rapidez de movimento (ativando preferencialmente as fibras do tipo IIb), o que permite melhora de força em qualquer gesto motor ("efeito transferência").

(59)   TRICOLI, V. *et cols* Short-term effects on lower-body functional power development: weightlifting vs. vertical jump training programs. *J. Strength Cond Res.*, 19(2), p. 433-7, may 2005.

(60)   STONE, M. *et cols*. Weightlifting exercises enhance athletic performance that requires high-load speed strength. *NSCA*, v. 27 (4), 2005.

## Figura 1 — Adaptado de KOMI PV (2003)

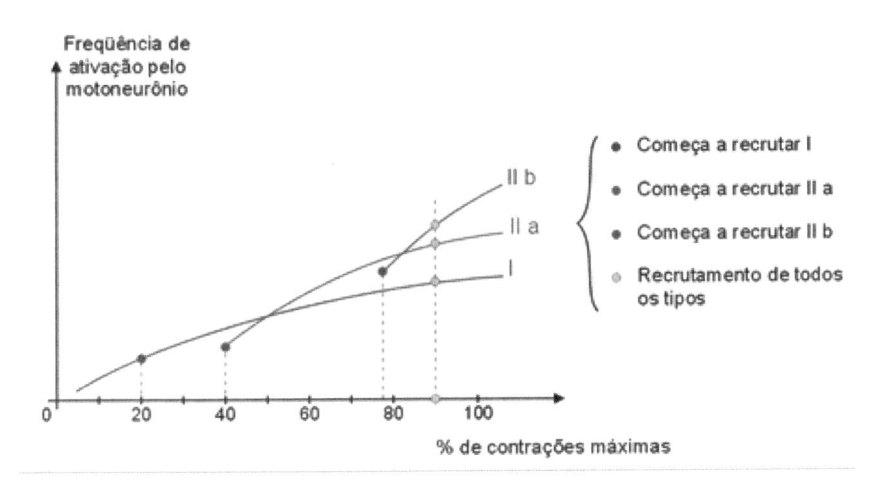

O Princípio de Henneman estabelece que para uma ação muscular a ordem de ativação das unidades motoras segue o padrão de primeiro recrutar as unidades motoras menores e de baixo limiar de ativação (fibras tipo I). Conforme a tensão muscular aumenta, sequencialmente são recrutadas as unidades de maior tamanho (tipo IIa e depois a tipo IIb)[61][62].

No momento inicial de uma ação máxima de força as fibras tipo I são sempre as primeiras a serem recrutadas ainda que as tipo II sejam as que contribuirão com a maior quantidade de força. No entanto, há exceções a esse princípio, como mostra o gráfico da Figura 1 — Recrutamento de todos os tipos.

(61)  KOMI, P. V. *Strength and power in sport.* 2. ed. Oxford: Blackwell Science, 2003.
(62)  STONE, M. *et cols.* Weightlifting exercises enhance athletic performance that requires high-load speed strength. *NSCA,* v. 27 (4), 2005.

O cientista italiano Carmelo Bosco argumenta em seus estudos que após oito semanas de treinamento somente de força máxima, já começam a se consolidar alterações estruturais nos músculos como a hipertrofia das fibras do tipo I, o que atrapalharia a expressão da potência em alto nível.[63]

Embora não recomende a eliminação desse tipo de treino, o pesquisador sugere uma limitação na duração do treino da força máxima caso o objetivo seja a plena força explosiva. Antes que essas alterações ocorram, métodos que estimulem preferencialmente as fibras do tipo II deveriam substituir o treino.

Tem-se notado que as ações excêntricas de alta intensidade assim como o treinamento balístico apresentam um padrão de recrutamento oposto ao princípio de Henneman. Ao que parece há um recrutamento preferencial das fibras do Tipo II[64][65].

Essa informação é relevante para aqueles que trabalham com esporte pois o treinamento balístico utilizando LPO e pliometria pode aumentar a força e a potência por meio do recrutamento seletivo das fibras do tipo IIb.

Ativar as fibras do tipo IIb gera um enorme estímulo neural, portanto o sistema neuromuscular como um todo é amplamente ativado. Isso permite um melhor recrutamento e desempenho não somente no movimento do LPO, como também se verifica aumento de desempenho em outras tarefas motoras, como correr, saltar e mudar de direção. Esse é o efeito transferência!

No grupo de estudos que participei sobre treinamento de força da USP, foi feito um estudo onde conseguimos verificar o efeito transferência

(63)  BOSCO, C. Stretch-shortening cycle in skeletal muscle function and physiological consideration of explosive power in man. *Atleticastudi*, 1, p. 7-113, 1985.

(64)  KOMI, P. V. *Strength and power in sport*. 2. ed. Oxford: Blackwell Science, 2003.

(65)  BOSCO, C. Stretch-shortening cycle in skeletal muscle function and physiological consideration of explosive power in man. *Atleticastudi*, 1, p. 7-113, 1985.

por meio do treinamento com LPO e pliometria[66]. No estudo realizado em 2005 atletas juvenis competitivos de voleibol, basquete e handebol foram divididos em três grupos:

1. Grupo LPO: treinos com levantamentos parciais de LPO (como explicarei a seguir);

2. Grupo Saltos pliométricos: treinou com protocolos de multisaltos com barreiras;

3. Grupo Controle: treinou o protocolo padrão de musculação que os atletas costumavam fazer.

Para verificar o efeito transferência, após seis semanas de treino, os atletas passaram por diferentes testes. Observe abaixo os resultados:

**Figura 2 — *J. Strength Cond. Res.* 2005**

| TESTE | Grupo LPO | Grupo Pliometria | Grupo Controle |
|---|---|---|---|
| *Squat Jump* | + | – | – |
| Salto Vertical | + | + | – |
| *Sprint* 10m | + | – | – |
| *Sprint* 30m | – | – | – |
| Teste Agilidade | + | + | – |
| 1/2 Agachamento | + | + | – |

Podemos observar como o grupo que treinou com LPO conseguiu melhorar o desempenho em praticamente todos os testes, seguido pelo grupo de saltos pliométricos. O grupo Controle não obteve melhoras

---

(66) TRICOLI, V. *et cols.* Short-term effects on lower-body functional power development: weightlifting vs. vertical jump training programs. *J. Strength Cond Res.*, 19(2), p. 433-7, may 2005.

estatisticamente significativas ao final do estudo. Portanto treinar para obter transferência para outras tarefas motoras é o objetivo de adotar o LPO no condicionamento físico.

Para a área da saúde essa natureza de grande estímulo neuromuscular geral do LPO é importante, pois passamos a ter agora uma forma de estimular as fibras rápidas que são justamente as fundamentais quando se trata de melhorar a função muscular para o dia a dia ou estimular a força de um idoso, por exemplo.

### LEVANTAMENTOS EXPLOSIVOS

Para treinar potência utilizando o LPO, devemos usar cargas que favoreçam a máxima produção mecânica de potência. Estudos apontam que, para o LPO, a maior potência produzida ocorre com cargas em torno de 70%-85% do máximo que o atleta consegue levantar[67]. Portanto, os exercícios de LPO podem ser considerados apropriados para o treinamento de potência em qualquer atleta.

O **arranco** ("*snatch*") consiste em levantar a barra em um só movimento desde o tablado até a completa extensão dos braços acima da cabeça.

Para a preparação física, simplificaremos o movimento (como mostrarei a seguir). O início do movimento será com a barra acima da patela, executando o salto vertical e finalizando com meia flexão de joelhos (meio agachamento). Essa variação é conhecida como *hang snatch*.

(67) DANTAS, E.; COUTINHO, J. *Força e potência no esporte:* levantamento olímpico. 1. ed. São Paulo: Ícone, 2010.

## Figura 3 — *Hang snatch*

O **arremesso** (*"clean and jerk"*) consiste em levantar a barra em dois tempos: desde o tablado até os ombros — o *"clean"*. E desde os ombros até a completa extensão dos braços acima da cabeça — o *"jerk"*.

Da mesma forma que o arranco, vamos utilizar a forma adaptada do arremesso: saída acima da patela, salto e encaixe em meia flexão de joelhos — o *"hang clean"*.

Além disso, trocaremos a finalização em tesoura no *"jerk"* pelo afastamento lateral dos pés, a fim de promover uma distribuição uniforme de força nas pernas e simplificar o movimento.

## Figura 4 — *"Hang clean"*

### MÉTODO DE APRENDIZAGEM

Para aprender o LPO existe uma sequência pedagógica de aprendizagem mais eficiente e segura já comprovada na prática. Neste modelo adaptado visando a preparação física, o ensino não requer o equipamento oficial de LPO.

Para se treinar coordenativos de aprendizagem e para desenvolver somente a capacidade neuromuscular de atletas de qualquer modalidade ou alunos que busquem saúde, uma barra e anilhas de ferro permitem iniciar todo esse processo. Portanto, se você quer treinar e aprender LPO para preparação física, tudo o que precisa é de uma barra grande (a partir de 1,80 m), anilhas e um espaço livre de 2 x 2 m para treinar. Essa foi a forma que ensinei e treinei atletas juvenis e adultos de tênis, vôlei, judô, *rugby*, futebol entre outros. Você pode conferir depois os vídeos postados no meu *site*! Evidentemente que, conforme aumentam-se a habilidade técnica e os níveis de força muscular do praticante, é recomendável a aquisição de material oficial para se progredir com segurança e sucesso.

Dentro do LPO existe um método de aprendizado mais eficiente comprovado por cubanos e países do leste europeu. O **método inverso** caracteriza-se por educativos em que a barra começa acima da cabeça, e vai sendo baixada progressivamente a cada exercício, até chegá-la ao chão.

Por meio da metodologia inversa, o aprendizado é bem mais rápido, além de permitir aos participantes o desenvolvimento de uma técnica mais apurada, em comparação àqueles que aprendem da forma tradicional[68].

Treinar com LPO é complexo, já que envolve uma combinação delicada: carga e velocidade! Por isso temos que preparar nossos alunos e atletas de forma adequada — com técnica e metodologia — para desempenharem com segurança o treinamento explosivo com arranco e arremesso.

## ARRANCO: SEQUÊNCIA DE ENSINO

### 1. A PEGADA NA BARRA

Segurar a barra em pé e afastar as mãos lateralmente até que a barra fique próxima da crista ilíaca (3-4 dedos de distância). A pegada do arranco é mais aberta que a do arremesso, já que a barra será levantada de uma vez só.

---

(68)  DANTAS, E.; COUTINHO, J. *Força e potência no esporte:* levantamento olímpico. 1. ed. São Paulo: Ícone, 2010.

### 2. "Overhead squat"

Fazendo a pegada na barra de arranco na barra, posicioná-la acima da cabeça e afastar lateralmente os pés. Fazer o agachamento, descendo e subindo de forma controlada, mantendo os braços estendidos durante todo o movimento.

No caso de muita instabilidade e pouca flexão do quadril, utilize um par pequeno de anilhas como "calço" nos calcanhares para favorecer a flexibilidade do tornozelo e ganhar assim amplitude no agachamento.

O professor deve se posicionar atrás do aluno e conferir suporte e segurança, mantendo as mãos próximas ao cotovelo. Nunca toque na barra para ajudá-lo, pois é perigoso para a articulação glenoumeral.

Fazer 2-3 séries x 3-5 repetições.

### 3. "X*is*"

Em pé com a pegada de arranco na barra, posicioná-la nos ombros e unir os pés. Ao comando do professor o aluno deve afastar lateralmente os pés e ao mesmo tempo estender os braços em um único movimento rápido, terminando na posição de meio agachamento *"overhead"* e fixando bem os pés no solo. O aluno não deve saltar apenas abaixar o quadril rapidamente.

Perceba como no método inverso cada educativo está conectado com o anterior.

Fazer 3-4 séries x 4 repetições.

### 4. *Posição inicial*

Em pé com a pegada de arranco na barra, o aluno deve primeiro posicionar seus pés prontos para saltar verticalmente. Depois flexionar levemente os joelhos e abaixar o tronco à frente — mantendo a posição dos pés e dos joelhos — e ir abaixando a barra até a patela. Durante todo o movimento o aluno deve manter a posição "neutra" da coluna, sem deixar de perder a postura.

A posição inicial é fundamental e a partir de agora todos os movimentos de aceleração da barra — tanto do arranco quanto do arremesso — serão iniciados dessa posição. Para o LPO de competição a posição inicial de saída é do solo, não sendo necessário para nosso objetivo de condicionamento e saúde.

Verifique os seguintes pontos técnicos da posição inicial:

1. Barra apoiada acima da patela.

2. Ombro à frente da barra e dos joelhos.

3. Costas em posição "neutra".

4. Pés em posição para saltar.

Fazer 4-6 movimentos.

### 5. PUXADA

A partir da posição inicial o aluno deve fazer a tripla extensão (quadril, joelho e tornozelo) saltando explosivamente. Após perder contato com o solo, deve fazer o encolhimento dos ombros e a abertura lateral dos cotovelos como no movimento de remada.

A barra deve ser acelerada em função do salto e não da utilização dos braços. O aluno deve aprender que a barra está subindo porque ele está "empurrando o chão" (realizando a tripla extensão). Se ele fizer corretamente a barra deve acelerar rapidamente na direção do queixo. Será necessário um pouco de carga na barra para facilitar empurrar o solo (afinal, o glúteo é um músculo muito forte!) e inibir a tentativa de uso dos braços.

Para cada repetição o aluno deve refazer toda a posição inicial, não devendo fazer de forma consecutiva sem pausa. Lembre-se que para desenvolver potência cada repetição deve ser executada com máxima ativação (e evitar ao máximo os efeitos da fadiga).

Verifique os seguintes pontos técnicos:

1.  Barra apoiada na patela.

2.  Ombro à frente da barra e dos joelhos.

3.  Costas em posição "neutra".

4.  Pés em posição para saltar.

Fazer 3-4 séries x 2-3 repetições.

## 6. "HANG SNATCH"

Chegamos ao movimento final. O aluno da posição inicial deve executar a puxada e ao final do movimento, realizar um rápido giro dos punhos (imprimindo rotação na barra) fazendo o "xis" (rápido e firme afastamento lateral dos pés), encaixando a barra acima da cabeça.

196

Note que esse movimento deve ser executado após o aluno ficar totalmente estendido (devido ao salto) entrando embaixo da barra com flexão de quadril acima dos 90 graus – a conhecida posição *"power"* — evitando ângulos profundos de encaixe.

Da mesma forma que na "puxada", para cada repetição o aluno deve se reposicionar para garantir a máxima velocidade e intensidade do movimento, não devendo fazer movimentos sequenciais. Deve-se dar recuperação completa (2-3min) entre as séries.

Fazer 3-5 séries x 3 repetições.

## ARREMESSO: SEQUÊNCIA DE ENSINO

Para o arremesso que é um exercício de dois tempos — primeiro se encaixa a barra nos ombros (*"clean"*) e depois se arremessa acima da cabeça (*"jerk"*) —, também usaremos a metodologia inversa, ensinando primeiro o *"jerk"* e depois o *"clean"*. Como o aluno já aprendeu a fazer a tripla extensão na puxada do arranco, no arremesso será a mesma dinâmica, tornando o aprendizado mais rápido.

### 1. A PEGADA NA BARRA

Para o arremesso a pegada na barra é mais próxima, e aqui utilizaremos o agachamento frente para ensiná-la.

Em posição de agachamento frente, coloque a barra apoiada totalmente nos ombros à frente do corpo. Certifique-se de que o aluno não está "prensando" os dedos nos deltoides. Peça para o aluno baixar a barra dos ombros. Pronto, esta é a pegada!

Fazer 4-6 movimentos.

### 2. Agachar e desenvolver

Neste exercício ensinaremos o aluno a passar a barra na frente do rosto e finalizar sustentando-a acima da cabeça.

Em pé com a barra apoiada nos ombros em posição de agachamento frente, o aluno deve realizar o movimento de meio agachamento (flexão e extensão do quadril) e após o movimento de subida aproveitar o momento de ascensão da barra para finalizar o movimento, realizando um desenvolvimento frente. O aluno deve terminar com os braços totalmente estendidos e a barra em controle acima da cabeça.

Verifique os seguintes pontos técnicos:

1. Pegada de arremesso;

2. Fazer meio agachamento frente (não precisa ser agachamento completo);

3. Estender o quadril rapidamente e realizar o desenvolvimento;

4. Realizar o movimento de subida de forma contínua.

Fazer 2-3 séries x 4 repetições.

### 3. "JERK"

Com a barra apoiada nos ombros, o aluno deve posicionar os pés para realizar um salto vertical. Após o salto, realizar o movimento de "xis" (rápido afastamento lateral dos pés) para pegar a barra acima da cabeça com os braços estendidos, e finalmente recuperar a posição em pé com a barra em controle.

Para efeitos de preparação física não se ensina a finalização em tesoura, pois é uma manobra unilateral e de lado dominante, sendo preferível a forma bilateral que é menos complexa e mais equilibrada.

Verifique os seguintes pontos técnicos:

1. Barra nos ombros na posição final do encaixe;

2. Saltar explosivamente;

3. Receber a barra em posição de "xis" estendendo os braços;

4. Amortecer flexionando as pernas;

5. Retornar à posição em pé.

Fazer 3-4 séries x 3 repetições.

### 4. REMAR E ENCAIXAR

Neste exercício ensinaremos o aluno a fazer o giro de ombro para encaixar a barra ao final da puxada. Em pé, o aluno deve realizar uma remada alta — flexionando os cotovelos ao lado para que a barra suba próxima ao corpo — até a flexão plantar dos pés. Ao final do movimento, ele deve girar rapidamente os ombros (por isso que a barra de LPO tem rolamentos!) para que entrem abaixo da barra, apoiando-a.

Verifique os seguintes pontos técnicos:

1. Pegada arremesso;
2. Remada alta em flexão plantar;
3. Fazer rotação dos cotovelos por baixo da barra aplicando um giro "seco" na barra;
4. Finalizar com a barra encaixada nos ombros.

Fazer 2 séries x 4-6 repetições.

### 5. PUXADA

A partir da posição inicial idêntica a do *hang snatch* (barra apoiada acima da patela), o aluno deve saltar explosivamente e ao final fazer o encolhimento dos ombros com abertura lateral dos cotovelos).

Vale a mesma regra: aprender a realizar a tripla extensão! Se o seu aluno já aprendeu o arranco você pode pular este exercício. Se você escolheu trabalhar primeiro o arremesso, neste momento você deve ensinar a posição inicial antes de ele fazer as puxadas.

Utilize um pouco mais de peso para que o aluno possa "empurrar o chão" e inibir a ação dos braços. Não faça as repetições de forma sequencial, ou seja, retorne à posição inicial em cada repetição.

Fazer 2-3 séries x 3 repetições.

### 5. "Hang Clean"

A partir da posição inicial o aluno deve realizar a puxada de arremesso e ao final do movimento (após a tripla extensão) fazer a rotação dos ombros para finalizar "encaixando" a barra nos deltoides e amortecendo em meia flexão do quadril.

Verifique os seguintes pontos técnicos:

1. A posição inicial;

2. Iniciar o movimento com um salto;

3. Fazer rotação dos cotovelos por baixo da barra aplicando um giro "seco" na barra;

4. Finalizar com a barra encaixada nos ombros e amortecendo com meia flexão do quadril (*power*);

5. Retornar à posição em pé com os pés prontos para saltar (para depois realizar o "*jerk*").

Fazer 3-4 séries x 3 repetições.

À medida que seu aluno aprende a encaixar você já pode pedir que ele realize o movimento completo executando o *"jerk"* após finalizar o encaixe.

Novamente reforço a ideia de qualidade do movimento, não realizando de forma contínua. Cada repetição do movimento deve ser executada sem pressa, terminando sempre de pé e recuperando os pés para a melhor posição de salto. Lembre-se de que não é a rapidez com que você completa as repetições que desenvolve a potência, mas a qualidade (velocidade e explosão) de cada salto realizado!

## COMO COMEÇAR?

### INICIANTES

Para trabalhar o ensino do LPO, os exercícios devem ser feitos apenas com o peso da barra (a masculina oficial pesa 20 kg e a feminina oficial 15 kg). Caso seja necessário, utilize uma carga menor — eu utilizo uma olímpica menor que pesa 10 kg — principalmente se for trabalhar com crianças, mulheres ou idosos. Caso o aluno não suporte esta carga mínima de 10 kg, não aplico o LPO.

É importante destacar que ensinar LPO com bastões e cabos de vassoura atrapalha por dois motivos:

> 1. Não permite ao aluno "empurrar o chão", visto que a carga é muito leve para um músculo potente e forte como o glúteo.

> 2. Não permite verificar a real condição de estabilidade da glenoumeral.

Portanto utilizar um mínimo de carga faz-se necessário. Recomendo de forma geral (mas não definitiva) a seguinte sugestão de cargas para iniciantes nos educativos no LPO:

|  | *Hang Snatch* | *Hang Clean* |
|---|---|---|
| HOMEM adulto | 20 até 30kg | 30 até 40kg |
| MULHER adulta | 10 até 20kg | 20 até 30kg |
| JOVENS e IDOSOS | 10 até 15kg | 15 até 26kg |

A recomendação é que você ensine primeiro o *hang snatch* em três sessões (com 24-48hr de intervalo) e depois mais três sessões de treinamento para ensinar o *hang clean*. Utilize as séries e repetições sugeridas no capítulo de aprendizagem.

Para alunos de academias e *personal training*, que tem como objetivo melhorar a potência para saúde, duas sessões de treinamento por semana são suficientes. Após 15-20 sessões de treino eu sugiro que você faça uma pausa de quatro semanas antes de retomar novamente o LPO.

Para aqueles que trabalham com esporte competitivo e atletas juvenis recomendo três sessões no primeiro mês de treino, reduzindo para duas sessões a partir do segundo mês e com uma pausa a cada 8-10 semanas de treino. No próximo tópico abordarei o treinamento de atletas.

### Planejamento do LPO nos esportes

Atletas devem focar no desenvolvimento das habilidades técnicas e físicas da sua modalidade esportiva. Sendo assim o uso do LPO deve servir como uma ferramenta — e não como um fim — para desenvolver a força explosiva e a capacidade neuromuscular. É por isso que o treino de LPO deve ser de baixo volume, ocupando pouco tempo de treino, gerando transferência ao treino específico de cada modalidade. Como mostrei anteriormente, a transferência só ocorre quando o treino balístico é feito de forma qualitativa, ativando seletivamente as fibras do tipo IIb.

Para abordar modelos de uso do LPO, geralmente divido os atletas em três categorias:

## 1. ESPORTES DE ENDURANCE

Nessa categoria se enquadram os atletas de modalidades de resistência e longa duração, como maratonistas, nadadores, remadores e ciclistas de fundo. Como o treinamento em temporada geralmente requer muito tempo e consome bastante energia e esforço desses atletas, pode ser difícil obter o nível de ativação, velocidade e qualidade de movimento que o treino com LPO exige para se desenvolver a potência.

Portanto para atletas de *endurance* a alternativa é colocar o LPO no período *"off-season"* e início do período preparatório. À medida que o período avança, o treino de potência do LPO é substituído pelos específicos de resistência promovendo a transferência para o gesto motor. O atleta deve continuar com treinos de manutenção durante a temporada para não perder os ganhos neuromusculares.

Um erro, em minha opinião, é a ideia de que atletas de *endurance* devem abolir os treinos de força durante os períodos competitivos, pois podem "amarrá-los". O modelo a ser adotado deve ser o balístico, que é pouco volumoso e gera transferência direta ao esporte, não interferindo nas adaptações das fibras do tipo I obtidas pelo treinamento específico (em vez do treino de força máxima ou de resistência de força).

Além disso, quero lembrar que para este tipo de atleta, o objetivo do uso do LPO não é bater recordes pessoais de peso, mas encontrar a carga que gere o estímulo suficiente para manter o neuromuscular.

## 2. ESPORTES INTERMITENTES

São as modalidades híbridas, que exigem um misto de vias metabólicas além de habilidades técnicas e ações motoras variadas como correr, lançar, saltar e mudar de direção. Nessa categoria incluo esportes coletivos (como futebol, basquete, vôlei, handebol e *rugby*) e individuais (como tênis e lutas).

Via de regra, os atletas destas modalidades já treinam força e potência durante a temporada, e o objetivo geralmente é manter um estado de "alto rendimento" por um grande período (a temporada é longa e com diversas competições).

Grande parte dessas modalidades trabalha a potência via treinamento pliométrico — que é um excelente método, bastante fundamentado. No entanto o uso do LPO pode auxiliar esses atletas reduzindo o volume geral de treino pliométrico e aliviando as sobrecargas impostas aos tecidos e articulações em função do método de choque.

Além disso, conforme demonstrou o estudo prático realizado na USP, o treino com LPO provoca maior estímulo neuromuscular e, consequentemente, maior transferência para diversas ações motoras.

Essa classe de atletas, portanto, precisa apenas aprender e reorganizar seus treinos de força para incorporar mais LPO, diminuindo o treino de hipertrofia, e se beneficiar da redução do volume de treino pliométrico. A combinação LPO e pliometria já se provou ser a mais eficiente em termos de treinamento esportivo[69][70][71][72].

## 3. ESPORTES DE FORÇA E POTÊNCIA

São as modalidades de capacidade "pura", como atletismo, levantamento de peso olímpico e levantamento básico. São modalidades que já têm incorporada a necessidade de treinar e manter a força máxima e explosiva e que, por isso, já incluem o treinamento de força e potência como treino "específico".

(69)  FLECK, S. J.; KRAEMER, W. J. *Treinamento de força para o esporte*. Porto Alegre: Artmed, 2006.
(70)  SCHMIDTBLEICHER, D. Training for power events. In: KOMI, P. V. (ed.). *Strength and power in sport*. Oxford: Blackwell Scientific, 2003. p. 381-395.
(71)  DANTAS, E.; COUTINHO, J. *Força e potência no esporte*: levantamento olímpico. 1. ed. São Paulo: Ícone, 2010.
(72)  STONE, M. *et cols*. Weightlifting exercises enhance athletic performance that requires high-load speed strength. *NSCA*, v. 27 (4), 2005.

Para esses atletas aprender a treinar com o LPO é fundamental e dispensa comentários.

## CONTROLE DE CARGAS

Sabemos da importância da variabilidade no treinamento para o desenvolvimento contínuo — e longe de lesão — dos atletas. Então quais seriam as variáveis que devemos manipular para manter o progresso do treino quando usamos o LPO para a preparação física?

### 1. VOLUME

O volume se refere à quantidade total de trabalho realizado, podendo ser medido de diversas formas, sendo uma medida de "quantidade".

Antigamente, os técnicos de força controlavam e quantificavam o volume do treino de força por meio da tonelagem (T), que é a quantidade total de carga levantada. Esse valor é obtido pela multiplicação do total de séries e repetições realizadas.

Veja no exemplo abaixo:

| Atleta 1RM = 90 kg | Repetições | Carga |
|---|---|---|
| 5 séries x 5 repetições @ 50kg | (5 x 5) = 25 | (25 x 50) = 1.250 kg |
| 4 séries x 3 repetições @ 60kg | (4 x 3) = 12 | (12 x 60) = 720 kg |
| | Total = 37 reps | **Tonelagem (T) = 1.970 kg** |

Apesar de a tonelagem ser uma referência honesta para controle individual do treino, ela não serve para controle de grupos e muito menos para comparação entre atletas, sendo essa sua principal limitação.

Dois atletas podem fazer o mesmo treino, com as mesmas séries e repetições, no entanto se um é mais forte e faz os exercícios com uma carga maior, o valor da tonelagem aumenta, o que invalida a comparação entre os treinos.

## 2. *Intensidade*

A intensidade diz respeito à "qualidade" do trabalho executado. No LPO a intensidade é medida por indicadores como Intensidade Média (peso médio da barra por repetição) e Percentual de 1RM (uma medida de intensidade relativa).

Muitos técnicos de LPO separam o cálculo da Intensidade Média (IM) por exercício, pois normalmente nos exercícios básicos (agachamento e terra) levanta-se muito mais carga do que nos de LPO (arranco e arremesso).

Apesar de não haver necessidade para que iniciantes controlem a intensidade média do treino (pois usam cargas submáximas por um bom período de aprendizagem), é importante destacar que o aumento gradual da intensidade é ponto fundamental para o crescimento do desempenho e da qualidade do treino. Isso é muito importante para atletas!

Nesse caso, utilizaremos o indicador Intensidade Média Relativa (IMR) para controlar e fazer a progressão das cargas do treino de LPO para atletas mais avançados. A IMR é calculada com a fórmula abaixo:

**IMR = (Tonelagem ÷ Número total repetições)**
**÷ 1RM do exercício**

Para o exemplo anterior teremos:

| Atleta 1RM = 90 kg | Repetições | Carga |
|---|---|---|
| 5 séries x 5 repetições @ 55% (50kg) | (5 x 5) = 25 | (25 x 50) = 1.250 kg |
| 4 séries x 3 repetições @ 65% (60kg) | (4 x 3) = 12 | (12 x 60) = 720 kg |
| | Total = 37 reps | **Tonelagem (T) = 1.970 kg** |
| **IMR = (1.970 kg ÷ 37 reps) ÷ 90 kg = 0.59** | | **IMR = 59 % de 1RM** |

Como referência geral podemos assumir que IMR com porcentagens abaixo de 70% são submáximas; entre 70%-85% são moderadas; e acima de 85% são máximas[73]. Assim como não se deve treinar sempre com intensidades máximas, um treino de muito baixa intensidade também não provoca as adaptações desejadas.

Com o uso da IMR é possível controlar o treino individual e garantir que atletas que fazem o mesmo treino estejam treinando em intensidade semelhante apesar da possível diferença de cargas (agora as cargas são determinadas por porcentagem de 1RM). O progresso do treino também é atendido com este indicador, pois é possível obter um valor percentual em função do máximo do atleta. Este é, portanto, um indicador que deve ser utilizado.

## 3. MICROCICLO

Com a utilização da IMR como controle de cargas, a melhor forma de treinar usando o LPO com o objetivo de preparação física, é fazer a

(73)  DANTAS, E.; COUTINHO, J. *Força e potência no esporte:* levantamento olímpico. 1. ed. São Paulo: Ícone, 2010.

ondulação das cargas. A alternância entre dias mais intensos com outros mais leves produz ótimos resultados para o aumento de força explosiva além de evitar o *overtraining*[74][75].

Vamos variar a intensidade alternando entre dois tipos de microciclo:

Choque — dia mais intenso, de IMR mais alta.

Regenerativo — dia de IMR mais baixa pra recuperar.

| Fase preparatória | |
| --- | --- |
| REGENERATIVO | CHOQUE |
| 2 x 5 @ 60% 1RM<br>3 x 3 @ 70% 1RM | 1 x 5 @ 60%<br>2 x 3 @ 70%<br>2 x 3 @ 80% |
| IMR = 63% | IMR = 70% |

| Fase pré-competitiva | |
| --- | --- |
| REGENERATIVO | CHOQUE |
| 1 x 5 @ 65% 1RM<br>4 x 3 @ 70% 1RM | 1 x 5 @ 65%<br>1 x 3 @ 70%<br>4 x 3 @ 80% |
| IMR = 68% | IMR = 74% |

(74) FLECK, S. J.; KRAEMER, W. J. *Treinamento de força para o esporte*. Porto Alegre: Artmed, 2006.
(75) DANTAS, E.; COUTINHO, J. *Força e potência no esporte:* levantamento olímpico. 1. ed. São Paulo: Ícone, 2010.

Recomendo um mínimo de duas sessões de treino semanal, sendo três o ideal na fase preparatória. Veja como ficaria a programação semanal dos microciclos:

*A — Duas sessões semanais*

|  | DIA #1 | DIA #2 | DIA #3 | DIA #4 | DIA #5 |
|---|---|---|---|---|---|
| **Semana 1-5** | REGEN. |  |  | CHOQUE |  |
| **Semana 6** | REGEN. |  |  | Teste 1RM |  |

*B — Três sessões semanais*

|  | DIA #1 | DIA #2 | DIA #3 | DIA #4 | DIA #5 |
|---|---|---|---|---|---|
| **Semana 1** | REGEN. |  | CHOQUE |  | REGEN. |
| **Semana 2** | CHOQUE |  | REGEN. |  | CHOQUE |
| **Semana 3** | REGEN. |  | CHOQUE |  | REGEN. |
| **Semana 4** | CHOQUE |  | REGEN. |  | Teste 1RM |

Após quatro semanas de treinos, deve-se refazer novamente o teste de 1RM do arranco e arremesso para verificar o progresso e obter os novos valores para reajustar os percentuais para fase pré-competitiva (de 4-6 semanas). Nessa nova etapa, reduza o treino de LPO para duas sessões semanais e aumente o treino específico da modalidade, a fim de gerar a transferência.

Após essas duas fases (8 a 10 semanas) seguidas de treino de LPO é necessário fazer uma pausa profilática, ou trocar de método para estímulo da potência. Desta forma se evita uma possível especialização no gesto do LPO. O estímulo neuromuscular do LPO é geral e, portanto, muito tempo de prática pode atrapalhar na transferência para o gesto específico da modalidade do atleta.

Recomendo uma sessão a cada 10-15 dias no período competitivo para manutenção dos ganhos de força explosiva se necessário e dependendo da modalidade — a força explosiva também pode ser mantida com treino pliométrico, que é mais específico, podendo assim eliminar o de LPO.

## 4. Exemplos de sessões de treinamento

### DIA # A – Regenerativo

| Exercício | Carga | Séries x Reps |
|---|---|---|
| Hang Snatch | 70% | 3 x 3 |
| Hang Clean | 80% | 3 x 3 |
| Agacham. frente | 85% | 3 x 5 |
| Supino reto | 90% | 3 x 3 |

### DIA # B – Choque

| Exercício | Carga | Séries x Reps |
|---|---|---|
| Pliometria | PC | 4 x 6 |
| Hang Snatch | 70% | 4 x 3 |
| Hang Clean | 80% | 4 x 3 |
| Afundo | 80% | 3 x 5 |
| Remada Curvada | 85% | 3 x 5 |

## Conclusão

Meu objetivo foi apresentar de forma resumida as bases de como usar os exercícios de LPO de forma segura e efetiva para a preparação física de atletas de outras modalidades. Além disso, esses mesmos fundamentos permitem o trabalho com jovens, idosos e alunos praticantes de academia. O assunto é extenso e, portanto, não tenho a pretensão de esgotá-lo aqui. Os exemplos são formas genéricas de montagem de treinos seguindo o que foi apresentado, a fim de, iniciar e incentivar professores e treinadores e, não sendo, em hipótese alguma definitivos.

Posso garantir a eficácia do método, visto que desde 2003 utilizo essa forma de treinar em atletas juvenis e profissionais de diversas modalidades, como tênis, voleibol, judô, futebol e corrida, incluindo alguns alunos de *personal training*. E não poderia ser diferente, já que todo o treino está ancorado em estudos científicos práticos, publicados internacionalmente. Por isso, tenho a segurança e o controle para administrar este tipo de treino com qualquer indivíduo, seja um atleta competitivo ou um idoso, pois é uma "ferramenta" para treinar potência e não "uma solução para tudo".

Convido você, que queira se aprofundar e aprender mais sobre o assunto, a conhecer meus cursos (presenciais e online) e o livro *Levantamentos Explosivos*, onde mostro uma abordagem mais moderna e atualiza do LPO na preparação física. Todo esse conteúdo você encontra no *site* www.treinamentoesportivo.com.

Agradeço ao prof. Alexandre Machado pelo convite e a confiança que depositou em mim para fazer parte desta obra.

### REFERÊNCIAS BIBLIOGRÁFICAS

BOSCO, C. Stretch-shortening cycle in skeletal muscle function and physiological consideration of explosive power in man. *Atleticastudi*, 1, p. 7-113, 1985.

DANTAS, E.; COUTINHO, J. *Força e potência no esporte:* levantamento olímpico. 1. ed. São Paulo: Ícone, 2010.

FLECK, S. J.; KRAEMER, W. J. *Treinamento de força para o esporte*. Porto Alegre: Artmed, 2006.

KOMI, P. V. *Strength and power in sport.* 2. ed. Oxford: Blackwell Science, 2003.

SCHMIDTBLEICHER, D. Training for power events. In: KOMI, P. V. (ed.). *Strength and Power in Sport.* Oxford: Blackwell Scientific, p. 381-395, 2003.

STONE, M. *et cols.* Weightlifting exercises enhance athletic performance that requires high-load speed strength. *NSCA*, v. 27 (4), 2005.

TRICOLI, V. *et cols.* Short-term effects on lower-body functional power development: weightlifting vs. vertical jump training programs. *J. Strength Cond. Res.*, 19(2), p. 433-7, may 2005.

# HIDROTREINAMENTO

CAPÍTULO 8

*ANTONIO MICHEL ABOARRAGE JUNIOR (NINO)*

A hidroginástica congrega certo número de exercícios específicos, voltados à promoção de mudanças, naqueles que os praticam. Desta forma, como qualquer outra forma de exercitação, os exercícios estão voltados ao alcance de objetivos pré-determinados, de forma que o praticante adquira uma boa condição de saúde, ou mantenha uma já adquirida.

A hidroginástica é recomendada apenas para pessoas com necessidades especiais, como: obesos, idosos e gestantes, devido aos efeitos, diretos e indiretos, da flutuação. Infelizmente, não se pode, meramente, indicá-la como uma atividade eficiente para o desenvolvimento significativo de força e RML sem que seja levando em conta de que este tipo de resultado, só será obtido por intermédio de exercitações, que utilizem movimentos específicos e uma periodização adequada, tendo em vista a estrutura muscular que se pretende estimular. Este aspecto é preocupante, pois, tudo leva a crer que uma quantidade expressiva de praticantes e mais grave ainda, de instrutores, parecem não possuir uma compreensão adequada acerca das condutas motoras adequadas a estas expectativas, o que consiste em um fator que dificulta, quando não inviabiliza, o cumprimento do princípio da especificidade, tanto na realização das atividades quanto da orientação do processo.

Aboarrage, em 1997, 2003 e 2007, publicou três livros, denominados *Hidroesporte*, *Hidrotreinamento* e *Treinamento de Força na Água*, onde sugere um diferencial nos objetivos da prática dos exercícios aquáticos, determinando padrões motores para treinamento da força dentro da água (ABOARRAGE, 2007). Atualmente os estudos voltados ao melhor conhecimento desta prática demonstram que os efeitos desencadeados sobre o organismo humano podem aprimorar e/ou manter o condicionamento físico, também em sujeitos, que não pertencem às denominadas populações especiais (ABOARRAGE, 1997; MARQUES; ARAÚJO FILHO, 1999; BAUM, 2000; ABOARRAGE, 2003; ABOARRAGE, 2007; ROBINSON *et al.*, 2004).

Diante dos achados desenvolvi um método de treino na água com um programa de exercícios periodizado, visando um melhor planejamento e organização do processo de treinamento, o **HIDROTREINAMENTO**.

Os movimentos e exercícios propostos são demonstrados de uma maneira simples e com muita correção, enfatizando a postura adequada, respiração e a amplitude dos movimentos, usando ao seu favor as propriedades que o meio liquido oferece para o sucesso do objetivo esperado.

O **HIDROTREINAMENTO** utiliza:

1 — Protocolos de HIIT, que são treinos intervalados de alta intensidade.

2 — Exercícios de saltos verticais adaptados ao meio líquido do método Pliométrico.

3 — Circuitos de estímulos variáveis.

Os oito elementos básicos são referencias de exercícios do **HIDROTREINAMENTO**: corrida, *ski*, chute, polichinelo, *twist*, cavalo, balanço e pendulo.

Todos os movimentos dos elementos básicos podem ser executados com as dicas de impactos: rebote, neutra, suspensão e ancorado e nos tempos de água meio tempo de água e tempo de terra. Falaremos sobre mais a frente.

Para programas de atividade física, voltados à promoção da saúde, o American *Colege Sports of Medicine* (ACSM, 2014), cita que força muscular é considerada atualmente um dos mais importantes parâmetros de aptidão física, mas ainda comenta que um bom programa de *fitness* físico compreende em trabalhar, com o mesmo grau de importância, elementos tais como: a capacidade cardiorrespiratória, adequada composição corporal, força, RML e flexibilidade. O uso do Hidrotreinamento com este propósito deve ser cercado de uma série cuidados metodológicos.

Mesmo que seja para ensinar movimentos compatíveis com as características do corpo, é preciso que se tenha um bom entendimento dos elementos que interferem neles mesmos, dentre os quais a capacidade de movimentação, as limitações e as funções diárias que o corpo deve ser capaz de realizar, sem desgastes, enfraquecimentos ou excessos (MANUAL AEA, 2014).

Por tudo isto, as características que determinam a boa qualidade de uma exercitação corporal estão intimamente relacionadas com aquilo que chamamos de técnica motora.

Seguindo o que Weineck (1999) sugere ao introduzir o conceito de técnica motora, comentando que capacidades coordenativas são sinônimo de habilidade. O HIDROTREINAMENTO procura seguir um padrão motor onde a habilidade permita que um movimento seja executado com economia e precisão. Assim, o aproveitamento dos exercícios, executados com consciência técnica, implica, em uma melhor eficácia para atingir os objetivos, para os quais a conduta motora está sendo utilizada. No caso do HIDROTREINAMENTO, o propósito de melhorar a capacidade da atividade muscular, para a melhora da condição geral do praticante, com um menor gasto energético.

Hotz e Waineck (1983) comentam que, para um bom aprendizado das técnicas de movimento, deve-se respeitar as fases do aprendizado, e os autores sugerem uma sequência lógica para as mesmas, composta por quatro etapas, a saber: Fase de informação; Fase de coordenação grosseira; Fase de coordenação fina; Fase de fixação.

Na Fase de informação e aquisição, o praticante tem o seu primeiro contato com o movimento, Na Fase de coordenação grosseira, os principais fenômenos observados são: velocidade não adequada; execução não-fluente; falta de precisão; emprego excessivo da força. Na Fase de coordenação fina, evidencia-se um aumento da precisão dos movimentos, e uma perceptível maior compreensão das informações verbais. Na Fase de fixação, complementação e disposição dos movimentos, a movimentação caracteriza-se, por precisão, constância e harmonia. A formação da coordenação fina é observada, e pode ser empregada com sucesso em situações pouco habituais (WEINECK, 1983).

Portanto, como foi mencionado anteriormente, o aluno que realiza a atividade de HIDROTREINAMENTO deverá passar por essas etapas, cada um a seu tempo, à sua maneira, de forma que, as técnicas motoras utilizadas para provocar mudanças físicas e funcionais que surtam os efeitos esperados.

Isso é fato concreto no que diz respeito ao uso do HIDROTREINAMENTO, como estratégia para o treinamento da Força muscular e da Resistência muscular localizada, tendo em vista que, neste caso, a qualidade técnica do movimento é fator de vital importância para a obtenção de bons resultados.

A qualidade dos padrões dos movimentos corporais utilizados como exercitação no HIDROTREINAMENTO, está atrelado às propriedades físicas da água. São estas propriedades que irão determinar os tipos de benefícios proporcionados pelo meio líquido, na medida em que determinam, diretamente, as capacidades bioestimulativas do meio.

São várias as propriedades físicas da água, mas aqui vamos nos ater a uma específica que me motiva a treinar na água, ela é a resistência.

## Resistência

O conjunto de resistências proporcionado pela água é um fator que tem efeito direto na determinação da intensidade dos exercícios. São elas que, em grande parte, estabelecem a quantidade de energia exigida para o deslocamento do corpo, ou de um determinado segmento corporal, através do meio liquido. Como consequência este fenômeno é fator determinante na magnitude da sobrecarga imposta à estrutura orgânica em foco. Em suma sempre haverá um melhor aproveitamento da resistência quando a execução do movimento for feita com qualidade técnica.

Conforme um corpo passa por um fluído, ele provoca um distúrbio. A magnitude desse distúrbio é diretamente proporcional à taxa de transferência de energia do corpo para o fluído. Esta transferência de energia é conceituada, como resistência do fluído, seja ele ar ou água (HAMILL; KNUTZEN; DERRICK, 2016).

A resistência, ou arrasto, oferecida pela água pode ser chamada de resistência dinâmica e consiste em uma força que tende a reduzir a velocidade de deslocamento do corpo através de um fluído, neste caso, o meio líquido. Hall (2013) afirma que a resistência dinâmica obedece à lei do quadrado teórico, que diz que, a resistência imposta pelo meio aumenta com o quadrado da velocidade relativa de movimento. É interessante salientar que o arrasto é um conjunto de forças, que se opõem aos movimentos que um indivíduo tenta realizar. Enquanto nos deslocamentos, em qualquer sentido, forças serão geradas, no sentido contrário, dificultando o avanço (CARR, 1998).

A resistência dinâmica total é composta pelo atrito da superfície, resistência dinâmica da forma, e resistência da onda.

O atrito de superfície se origina dos contatos entre as moléculas de fluido, próximo da superfície de um corpo. Quando um objeto se move na água, o fluido forma a camada limítrofe, que, graças à viscosidade do meio, se apega à superfície do objeto. A magnitude da resistência imposta pelo atrito de superfície depende da viscosidade, do tamanho da área superficial do corpo exposta ao fluxo, da aspereza da superfície corporal, e da velocidade do objeto e do fluido (CARR, 1998; HALL, 2013). Importante lembrar que, a viscosidade da água diminui em temperaturas mais altas, e reduz, assim, o atrito da superfície, e, consequentemente, a resistência imposta aos movimentos.

A resistência dinâmica de forma é criada por um diferencial de pressão, entre a parte anterior e a posterior de um corpo em movimento, em um fluído: na frente, quando as partículas do fluído entram em contato com o corpo, é formado um local de alta pressão; e, atrás, onde há um fluxo turbulento, há uma região de baixa pressão. Para a ocorrência deste fluxo turbulento, na parte posterior do corpo, deve haver uma velocidade de deslocamento suficientemente rápida. Este tipo de resistência, oferecida pelo meio liquido, pode sofrer variações de acordo com a viscosidade e/ou densidade do meio e da velocidade de deslocamento do objeto/corpo no fluido (CARR, 1998).

A resistência de onda, terceiro componente da resistência dinâmica, age no local onde a água e o ar se encontram. Conforme um indivíduo desloca-se, no meio aquático, ondas são formadas na sua frente, criando uma parede de alta pressão que resiste ao seu movimento. Diferentemente da resistência dinâmica da forma e do atrito de superfície, que aumentam com o quadrado da velocidade, a resistência da onda aumenta, de acordo com o cubo da velocidade. Em piscinas de natação, construídas para serem utilizadas para treinamento e competição, torna-se importante à existência de calhas, para absorver as ondas, que, na prática da hidroginástica, são oportunas, visto que aumentam o dispêndio energético (CARR, 1998).

Acredita-se que a principal influência desta propriedade física, nos programas de HIDROTREINAMENTO, é a de auxiliar no desencadeamento do fortalecimento muscular, em que se utiliza o meio, como fator indutor de sobrecarga, pois, aumentando-se a velocidade, e, variando-se a trajetória do movimento, a água oferece maior carga ao sistema musculoesquelético (BAUM, 2000).

Neste sentido estas características do meio fluido, em especial a água, viabilizam o uso desse meio em exercitações contrarresistência. A qualidade das técnicas motoras, neste caso, está relacionada com as posições que os segmentos assumem quando são deslocados através do meio líquido, tendo em vista que as superfícies corporais, ao se contraporem ao meio circundante estabelecem o jogo contrarresistivo e a dificuldade de avanço por entre as moléculas do meio, pode variar em função da forma e superfície do segmento o que, em parte, depende da posição assumida pelo mesmo.

A variabilidade da forma e da área de superfície do segmento, irá interferir diretamente na qualidade de carga resistiva e consequentemente, do valor estimulativo do exercício. Por isto o professor deve estar atendo a conformação dos segmentos corporais imersos em meio líquido durante a execução dos movimentos corporais. Este assunto é de grande magnitude para enriquecer o conhecimento a cerca do melhor aproveitamento do meio líquido como componente resistivo.

Sabendo os reais benefícios das propriedades Físicas da água, principalmente como componente resistivo, porque não usar a água com um equipamento de resistência e assim focar os treinos aquáticos para obter a força muscular.

Desde quando comecei a usar a agua com ambiente de treino tive esta percepção, mas com a falta de literatura e experiência não consegui documentar e fundamentar minhas suposições com relação a aquisição de força usando a água com equipamento de resistência. Fui muito contestado, mas não desisti, ate que hoje tem com muitas pessoas comungando do mesmo ideal e fundamentando com pesquisas e treinos todo este potencia de resistência que a água oferece.

A utilização do próprio corpo já é uma maneira de se treinar a força usando as propriedades de resistência que a água oferece, para isso como comentado anteriormente o aluno deve saber fazer os exercícios com clareza. A conduta motora tem que ser muito bem dominada pelo professor e claro pelo aluno que pode ter uma dificuldade maior, dependendo de seu lastro motor. Tendo em vista que o professor para aprimorar seus movimentos dentro da água terá que entender todo o processo e exercitação no meio líquido, montado seus treinos dentro da água.

A partir do momento que os alunos tenham esse domínio e controle de seu movimentos vencendo as resistências que a água oferece, executando com aceleração e amplitude adequada, poderemos incrementar a carga com equipamento de arrasto que é o foco do HIDROTREINAMEN-TO para aumentar a carga. Aqui não vou classificar os equipamentos segundo Aboarrage (2007), mas para informação eles são divididos em: Flutuantes, usam o empuxo como referencia de resistência; Resistidos, usa o arrasto como referencia de resistência; Peso, usa a resistência da gravidade relacionado ao equipamento, não ;é muito recomendado na literatura aquática; Elásticos, usa a resistência progressiva pois quanto mais longe uma extremidade da outra mais resistência; Adaptados, equipamentos adaptados da terra como *bikes, jumps*, elípticos e *steps*. Com certeza podemos fazer a utilização de todos os equipamentos, porem sabendo de sua real resposta, e a partir do aluno ter passado pelo processo de exercitação que cometamos acima. Aqui usaremos nosso próprio corpo para que possam ter uma boa compreensão e se quiserem aprofundar sugiro que leiam o livro treinamento de forca na água (ABOARRAGE, 2007), e acessem o *site* no final do capítulo.

### OPÇÕES DE IMPACTO PARA O EXERCÍCIO AQUÁTICO

Segundo o *Manual do Professional do Fitness Aquático AEA* (2014), a água é um excelente meio para exercícios por causa da redução das forças gravitacionais experimentadas pelo corpo quando está parcialmente submerso. Muitos alunos escolhem os exercícios aquáticos, exatamente porque é uma alternativa de baixo impacto. Abaixo estão as variações básicas de impacto tipicamente utilizadas em exercícios aquáticos.

### NÍVEL I (REBOTE)

Executado em uma posição ereta com o nível de água entre a cintura e o ombro, geralmente o impacto é usado. Movimentos do nível I ou saltos regulares utilizam a aceleração para empurrar os alunos para fora da água, aumentando a intensidade e o impacto.

### NÍVEL II (NEUTRO)

Executado flexionando o quadril e os joelhos para submergir o corpo e manter os ombros dentro da água, o impacto diminui significativamente, embora ainda haja o contato com o fundo da piscina, os ombros não saem da água ao contrário do corpo que move para cima e para baixo como no nível I. O nível II estimula o aluno a aumentar a intensidade, criando mais força horizontal em vez de força vertical.

### NÍVEL III (SUSPENSÃO)

Executado sem tocar no fundo da piscina, o impacto é eliminado completamente, os membros superiores são exigidos para manter o corpo flutuando, região abdominal é contraída para estabilização e alinhamento. A dificuldade do nível III é determinada, em parte, pelo tamanho e pela densidade corporal. Um aluno mais denso (musculoso, magro) terá necessidade de dispender mais energia para se mantiver flutuando.

### MOVIMENTO ANCORADO

Os ombros não necessitam estar submersos, o corpo fica na posição ereta, executado com dos pés sempre em contato com o fundo da piscina. Ensinar os alunos a utilizarem efetivamente as forças de arrasto garante um trabalho intenso, mesmo mantendo-se um dos pés sempre no fundo da piscina.

### MÚSICA E RITMO DE EXECUÇÃO DOS MOVIMENTOS

Segundo o manual da AEA (2002), a música pode se usada para motivar, manter o ritmo ou alcançar a intensidade desejada. Embora a atividade de *fitness* aquático não exija obrigatoriamente a existência de música, o professor pode obter algumas vantagens ao utilizar esta ferramenta. Em meu livro *Hidroesporte, treinamento complementar* (1997), citei que a música pode ser considerada como um *doping* natural tanto para o aluno como para o professor, e assim oferecer muitos benefícios aos alunos na execução dos exercícios. Logicamente a seleção das músicas e um fator importante para influenciar positivamente a atitude mental dos alunos.

A AEA sugere aproximadamente 125 a 150 batimentos por minuto (bpm), para atividades aeróbias em água rasa, utilizando o tempo de água e permitir realizar o arco total de movimento, bem como alavancas maiores. Obviamente no Hidrotreinamento quando sugerimos a intensão máxima na execução dos movimentos os BPMS serão acima de 150 a te 190 dependendo do nível de condicionamento do aluno.

Há três métodos de movimentos utilizados durante os exercícios aquáticos: o tempo de terra, o tempo de água e o meio tempo de água. O uso dos três métodos garante que a intensidade adequada seja mantida ao longo da parte aeróbica da atividade e permite movimentos amplos e completos. Esses três tempos permitem variações para cada movimento.

### Tempo de Terra (TT)

Como diz o nome o movimento deverá ser executado no com uma aceleração alta e com ritmos de terra. Alavancas deverão ser curtas para se que consiga utilizar todo o arco de movimento, aumentando a intensidade simplesmente aumentando a velocidade sem perder a qualidade do movimento. Recomendação de BPM 155 a 190.

### Tempo de Água (TA)

O ritmo da velocidade utilizada permite a realização dos movimentos com alavancas longas em todo seu arco de movimento durante o exercício. É recomendado 125 a 150 BPMS. Normalmente é a metade do tempo de terra, como foi dito, esse tempo permite a realização do arco de movimento completo, com equilíbrio nos pares musculares e mais tempo para transições seguras. A maioria dos exercícios aquáticos deveria conter movimentos de tempo de água.

### 1/2 Tempo de Água (1/2 TA)

Para a realização do meio tempo de água é simplesmente realizar o tempo de água com um balanço a cada batimento alternado do tempo de água. Recomenda se a utilização de 125 a 150 BPMS utilizando um balanço a cada batimento alternado do tempo de água. Ele permite variedade aos exercícios aquáticos e o balanço pode ser utilizado para transição de um movimento em momento de recuperação após uma execução em tempo de terra em alta intensidade. Podendo ser utilizado também para permite maior concentração de força do aluno para aprender a executar o exercício com perfeição utilizando em todas as direções em um maior arco de movimento por causa da redução da velocidade da articulação.

## Estrutura do treino propriamente dito

Os treinos geralmente têm uma duração entre 40 a 70 minutos, podem ser realizados 3 (três) vezes por semana com progressão de carga semanal durando a primeira etapa 12 semanas somando-se assim 36 (trinta e seis) treinos, dividida em 3 etapas:

**Aquecimento:** Primeira parte do treino que gira em torno de 10 a 20 minutos, dependendo da duração da parte principal. Com movimentos básicos fundamentais (Figuras 1 a 8) para membros superiores (MMSS) e membros inferiores (MMII), procurando orientar o aluno a executar e com uma grande amplitude, sempre procurando uma área de superfície de contato pequena. À medida que o aluno repita os movimentos com fluência esta área de contato pode ser aumentada, partindo para um aumento de intensidade gradativo e progressivo.

**Parte principal:** Nesta parte da aula é onde realmente o foco do treino acontece, minha sugestão é durante a periodização estabelecer a progressão das cargas e dos exercícios.

**Exemplo 1**: 5 exercícios cada bloco, sendo baseado no protocolo *HIIT*, cada uma com 30 seg. de alta intensidade e 30 seg. de recuperação, totalizando 25 minutos, os exercícios foram divididos em específico (ancorado) e complexo (Rebote) (Tabela 1). Exercícios ancorados, os ombros não necessitam estar submersos, o corpo fica ereto, executado com um dos pés sempre em contato com o fundo da piscina, já no rebote o exercício é executado em uma posição ereta com o nível de água entre a cintura e o ombro, geralmente o impacto é usado (AEA, 2014). Todas as execuções devem ser monitoradas e corrigidas com o intuito de haver maior correção de gestos motores, para poder ampliar a efetividade do treino.

**Exemplo 2:** Circuito com 5 estações, com duração de 4 minutos cada estação, alternado cada 30'' a intensidade alta e baixa 20' duração.

**Exemplo 3**: Saltos variados (Figuras ) 4 blocos de 4 minutos onde 20'' de intensidade alta e 10'' de recuperação ativa, 20' duração.

**Parte final volta calma:** alongamentos, nos 5' a 10', para todos os grupos musculares, com ênfase nos MMSS e MMII.

Seguem nas ilustrações abaixo os exercícios propostos nos treinos e um modelo de bloco utilizado no método.

Os exercícios propostos fazem parte dos 8 elementos básico fundamentais sugerido por Aboarrage (2017) no Hidrotreinamento e AEA (2014), que estão listados abaixo.

**Corrida**: Movimentos alternados de flexão do quadril e flexão dos joelhos no máximo 90° Mantendo a postura da coluna ereta e as escapulas aduzidas, com braços alternados.

**Figura 1 — Corrida**

**Chute**: Movimentos alternados de flexão do quadril, extensão do joelho, extensão do tornozelo e retorna à posição inicial. Concentrando--se na volta (extensão do quadril) aumenta a intensidade nos músculos isquiotibiais e glúteos.

**Figura 2 — Chute**

**Polichinelo**: Movimentos (desliza ou salto) de adução e abdução de ombros (90°) e quadril (45°), podendo ser os braços contrários das pernas, postura da coluna ereta e as escapulas aduzidas mantendo coluna alinhada necessariamente a água na altura dos ombros.

 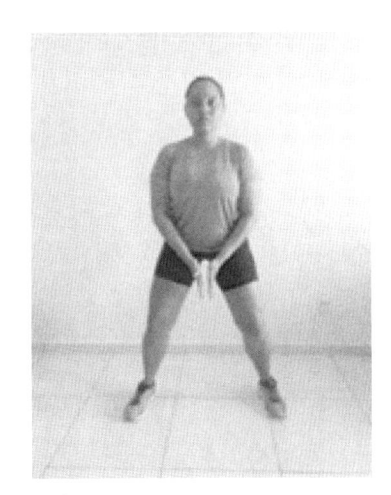

**Figura 3 — Polichinelo**

**Twist**: saltos ou deslize de um lado para o outro com rotação do corpo alternando braços e pernas fazendo uma semiflexão dos joelhos e mãos abertas para ajudar no arrasto.

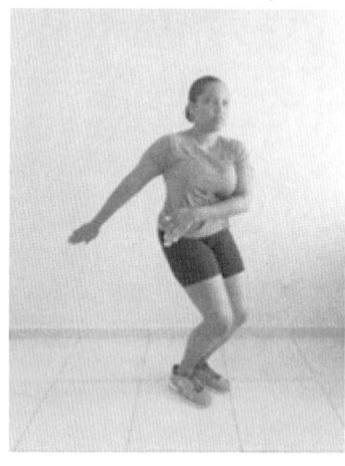

**Figura 4**
— *Twist*

**Cavalo**: Movimentos com chute frontal fazendo uma flexão de quadril e extensão do joelho com uma das pernas, com uma abdução horizontal de ombros, enquanto levanta o calcanhar da perna oposta atrás do corpo com uma extensão do quadril e joelho, com uma adução de ombros. Retorne a posição inicial repetindo varias vezes.

**Figura 5**
— **Cavalo**

**Pêndulo**: Movimentos de abdução e adução alternada do quadril com movimentos braços contrário das pernas. Apoio em uma das pernas eleva lateralmente a outra, com um balanço (abdução do quadril). Retornando a posição inicial (adução do quadril) e começa para o outro lado, jogar o peso do corpo de um lado para outro como um pêndulo.

**Figura 6 — Pêndulo**

**Balanço**: Movimento em semiflexão do quadril e joelhos empurrando as mãos para baixo, em seguida uma extensão de quadril e joelhos fazendo um pequeno salto na vertical com ambos os pés. Pode ser no mesmo lugar ou alternando-se para frente e para trás ou de um lado para outro, pode ser um movimento de transição entre um exercício e outro.

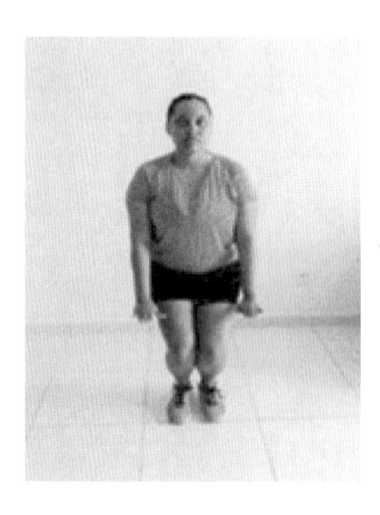

**Figura 7 — Balanço**

*Ski*: Movimento anteroposterior (uma perna à frente e a outra atrás), deslizar os saltar alternando as pernas, fazendo uma flexão e extensão de ombros puxando ou empurrando a água com a palma das mãos.

**Figura 8 — *Ski***

Todas as execuções devem ser monitoradas com o intuito de haver maior correção de gestos motores, para poder ampliar a efetividade do treino.

**SUGESTÕES DE MOVIMENTOS UTILIZADOS PARA MAXIMIZAR A RESISTÊNCIA OFERECIDA PELA ÁGUA PARA MEMBROS SUPERIORES COM MOVIMENTOS ARTICULARES COM A BASE FIXA.**

**Adução/abdução horizontal da articulação dos ombros braços estendidos, com base anteroposterior:** Movimentos de adução e abdução de ombros horizontal com as escapulas aduzidas durante todo o movimento e base anteroposterior neutra, ombros sempre dentro da água.

**Figura 9 — Adução/abdução horizontal da articulação dos ombros, braços estendidos, com base anteroposterior**

**Flexão/extensão da articulação dos cotovelos, com base anteroposterior**: inicia-se com base neutra anteroposterior, fazendo uma flexão e extensão dos cotovelos e mãos abertas para promover um melhor arrasto.

**Figura 10 — Flexão/extensão da articulação dos cotovelos, com base anteroposterior**

**Adução e abdução da articulação dos ombros com base látero-lateral:** inicia-se com uma flexão dos joelhos, mantendo ombros dentro da água, fazendo movimentos de adução e abdução de ombros com base látero-lateral.

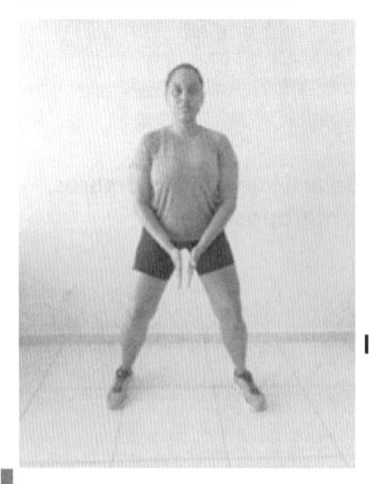 

**Figura 11 — Adução/ abdução de ombros com base látero-lateral**

**Flexão e extensão da articulação dos ombros com base Anteroposterior:** inicia-se com base neutra anteroposterior, fazendo uma flexão e extensão dos ombros a frente.

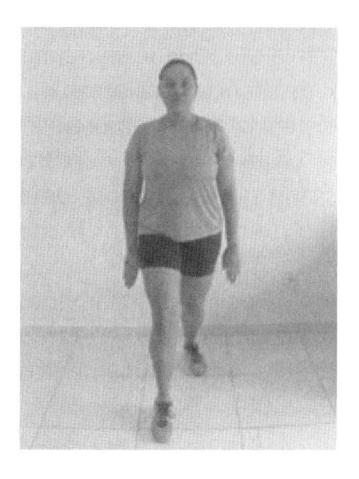 

**Figura 12 — Flexão e extensão da articulação dos ombros com base anteroposterior**

## TIPOS DE SALTOS

### UMA ADAPTAÇÃO DO MÉTODO PLIOMÉTRICO

Utilizaremos os saltos verticais, que são exercícios onde o praticante procura dar impulsões para cima a fim de elevar o centro de gravidade o mais alto possível.

A sequência de exercícios aplicados através deste método é constituída pela utilização de saltos, a fim de vencer momentaneamente as forças da gravidade e inércia de movimento. A intensidade do salto variará de acordo com a profundidade da piscina, altura do executante e sua densidade corporal. Neste caso, os exercícios devem ser executados com a água na altura do processo Xifoide até mesmo na fase de adaptação após, o praticante poderá realizar saltos expondo progressivamente partes do corpo à ação da gravidade (ABOARRAGE, 2008).

O objetivo principal do Hidrotreinamento é alcançar ou manter a alta performance com menos treino ou menos desgaste, visando a integridade física e psicológica do praticante, obtendo resultados significativos no sistema muscular e cardiorrespiratório.

Essa método adaptado ao meio líquido tem a capacidade de treinar os 5 componentes da aptidão física que são: resistência cardiorrespiratório, flexibilidade, composição corporal, resistência e força muscular. Este último tem gerado controvérsias pois não basta se exercitar dentro da água para se obter este ganho, é necessário que se elabore uma periodização específica onde os exercícios são executados com muita consciência e determinação. Melhorar a potencia muscular é o objetivo maior nos saltos mas isso vai dos depender do nível de condicionamento e do conhecimento motor do praticante, caso contrario a resposta ao treino via deixar a desejar, mesmo que seja utilizando equipamentos para aumentar esta resistência (ABOARRAGE, 2008).

Os treinos acontecem com a realização de exercícios individualizados e feitos com a melhor postura possível, com o objetivo de sobrecarregar os pares musculares de uma forma intensa causando fadiga e visando um aumento da força funcional, potência, resistência muscular e cardiorrespiratória. A adequação dos movimentos para o meio aquático tem que ser feita com muita cautela e precisão fazendo com que o praticante treine justamente os movimentos que visam uma melhora do sistema muscular. Uma atenção especial é destinada para o fortalecimento do core (centro do corpo), pois esta área é trabalhada durante todo o treino.

### SALTOS UTILIZADOS NO HIDROTREINAMENTO

**Salto vertical com Extensão do Quadril:** inicia-se em pé, com os pés separados na largura dos ombros. Uma flexão de quadril, joelhos e tornozelos, seguida por uma extensão rápida destas mesmas articulações, repetir imediatamente após a aterragem.

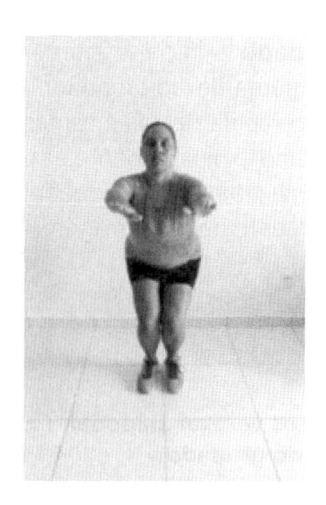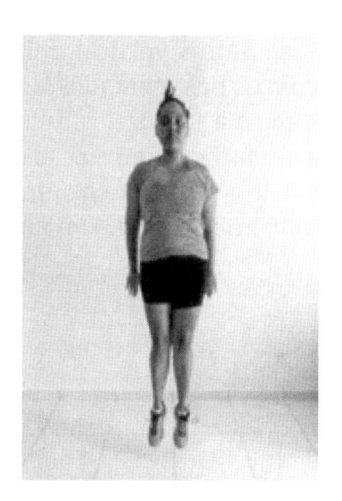

**Figura 12 — Salto vertical com Extensão do Quadril**

**Salto Vertical Grupado:** inicia-se em pé, com os pés separados na largura dos ombros, com uma flexão de quadril, joelhos e tornozelos, seguida por uma extensão rápida destas mesmas articulações, na fase de voo a uma flexão de quadril e joelhos, repetir imediatamente após a aterragem.

**Figura 13 — Salto Vertical Grupado (flexão de quadril e joelhos)**

**Saltos vertical unipodal alternado grupado** — inicia-se em pé, com os pés separados largura dos ombros, com uma flexão de quadril, joelhos e tornozelos, seguida por uma extensão rápida destas mesmas articulações, com o peso em uma das pernas e salte explosivamente passando o peso para a outra perna, fazendo uma flexão brusca do quadril da perna que fez a impulsão. Repetir imediatamente após aterragem.

**Figura 14 — Saltos vertical unipodal alternado grupado**

**Saltos vertical unipodal grupado** — inicia-se em pé, com os pés separados na largura dos ombros, com uma flexão de quadril, joelhos e tornozelos, seguida por uma extensão rápida destas mesmas articulações, com o peso em uma das pernas e fazendo uma flexão brusca do quadril da perna que fez a impulsão. Repetir imediatamente após aterragem.

**Figura 15 — Saltos vertical unipodal grupado**

**Saltos grupado com os braços acima da cabeça** — O objetivo deste salto é aumentar a carga gravitacional, no praticante. Inicia-se em pé, com os pés separados na largura dos ombros, com uma flexão de quadril, joelhos e tornozelos, salte explosivamente, flexionando o quadril em 90° com as mãos acima da cabeça, repita imediatamente após aterragem. Este salto pode ser incrementado a carga colocando um medicinebol, nas mãos.

**Figura 16 — Saltos grupado com os braços acima da cabeça**

### Saltos com extensão do quadril com os braços acima da cabeça

— O objetivo deste salto é aumentar a carga gravitacional, no praticante. Inicia-se em pé, com os pés separados na largura dos ombros, com uma flexão de quadril, joelhos e tornozelos, salte explosivamente com as mãos acima da cabeça, com o quadril estendido, repita imediatamente após aterragem. Este salto pode ser incrementado a carga colocando um medicinebol, nas mãos.

**Figura 17 — Saltos com extensão do quadril com os braços acima da cabeça**

**Salto com abdução do quadril** — Inicia-se em pé, com os pés unidos, com uma flexão de quadril, joelhos e tornozelos, saltar para fazendo uma abdução do quadril e aduzir antes da aterragem.

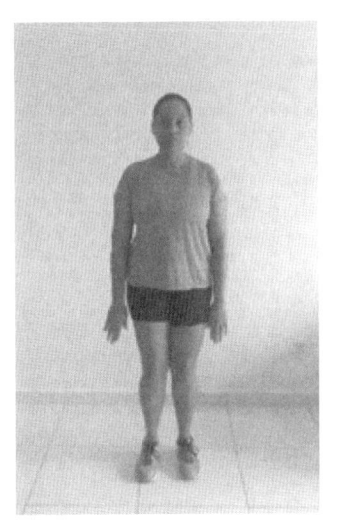 

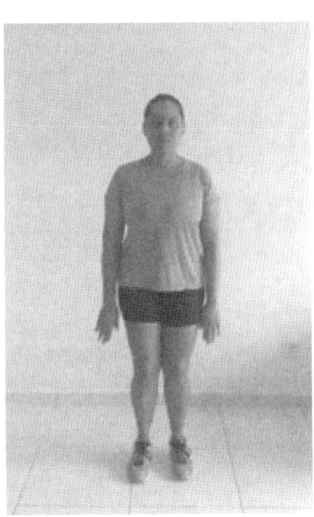

**Figura 18 — Salto com abdução do quadril**

**Salto com adução do quadril** — Inicia-se em pé, com os pés separados na lateral da largura dos ombros, com uma flexão de quadril, joelhos e tornozelos. Saltar fazendo uma adução do quadril e abduzir antes da aterragem.

 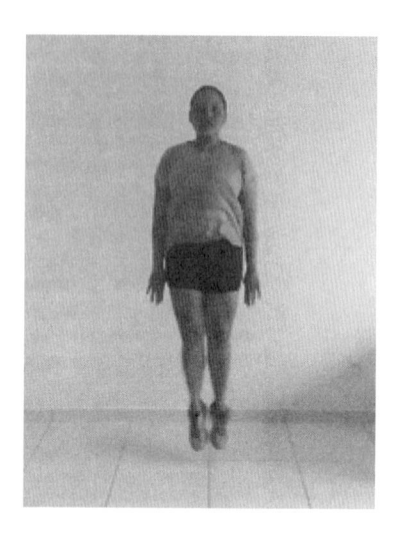

**Figura 19 — Salto com adução do quadril**

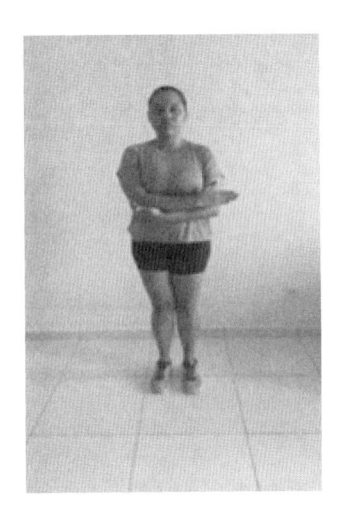 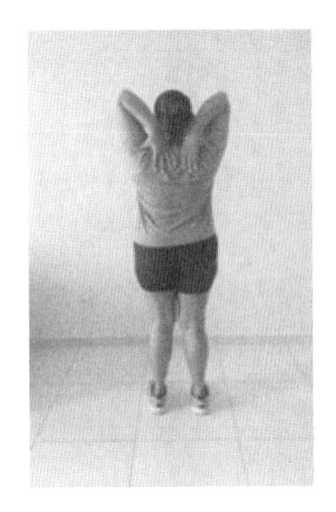

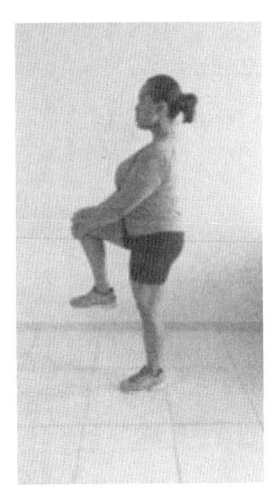 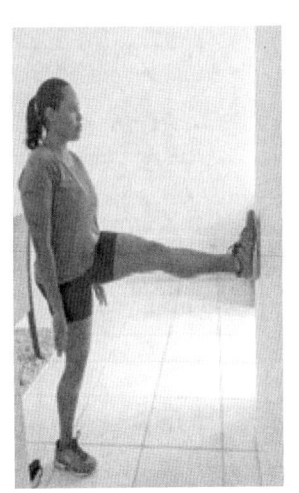

Figura 20 — Alongamentos com ênfase nos MMSS e MMII

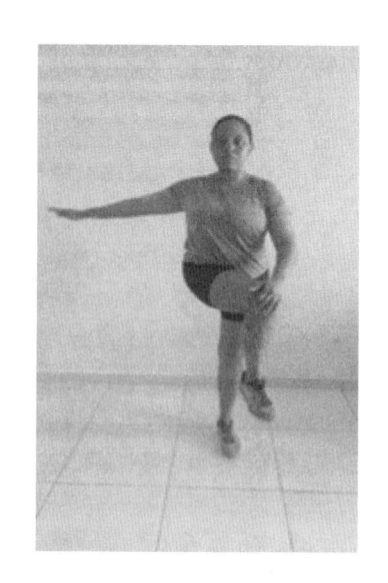

**Tabela 1 — Modelo de bloco para treinos: alternando segmentos, dicas de impactos e característica dos exercício**

| MODELO | | |
|---|---|---|
| **BLOCO 1**<br>**30"X 30"** | ANCORADO<br>Adução/abdução horizontal de ombro com base anteroposterior. | SIMPLES |
| | REBOTE<br>Salto com Extensão do quadril. | COMPLEXO |
| | ANCORADO<br>Flexão/extensão de cotovelos com base anteroposterior. | SIMPLES |
| | REBOTE<br>Salto com flexão de quadril e joelhos. | COMPLEXO |
| | ANCORADO<br>Adução/abdução de ombro com base látero-lateral. | SIMPLES |
| **BLOCO 2**<br>**30" X 30"** | REBOTE<br>Salto com Extensão do quadril | COMPLEXO |
| | ANCORADO<br>Flexão/extensão de cotovelos com base anteroposterior. | SIMPLES |
| | REBOTE<br>Salto com flexão de quadril e joelhos. | COMPLEXO |
| | ANCORADO<br>Adução/abdução de ombro com base látero-lateral. | SIMPLES |
| | REBOTE<br>Salto com Extensão do quadril. | COMPLEXO |

**Quantificação da carga de treino** — antes dos exercícios devemos ter um entendimento de como monitorar a carga nos treinos aquáticos, uma forma direta e simples é utilizar as tabelas subjetivas de esforço percebido. É bom lembrar que para alcançar índices de ganho de forca como objetivos dos movimentos, devem-se executar os movimentos com a máxima aceleração. Para isso utilizo uma escala subjetiva de esforço desenvolvida por David Brenam e Wild (1999), onde quantifico a carga individualmente mesmo treinando em grupo, uma forma de monitorar a intensidade de cada um.

A sugiro que o controle da intensidade seja subjetiva e usar a escala de percepção subjetiva de esforço percebido, sugerida por Brennan e Wilder (1990) (Tabela 2), onde no momento do estímulo o aluno utiliza o número 5 como percepção e na recuperação abaixo do número 3.

**Tabela 2 — Escala de percepção subjetiva Brenam (1990)**

| 1 | MUITO FÁCIL |
|---|---|
| 2 | FÁCIL |
| 3 | MODERADO |
| 4 | FORTE |
| 5 | MUITO FORTE |

A relação estímulo-recuperação utilizada para os treinos representa um espaço de tempo relevante para que o máximo de repetições sejam executadas, sem que se comprometa a eficiência e a continuidade dos movimentos. Muito importante é entender que para maximizar os resultados os alunos devem ter uma significativa experiência na modalidade, portanto a previa execução e repetição sistemática do dos movimentos devem ser estimuladas para uma ótima compreensão dos alunos.

Os protocolos utilizados direcionam os envolvidos fazer o máximo de repetições na maior intensidade possível, conforme Machado *et. al.* (2017) descreve como *all out*. Essa carga de treinamento é justificada por este mesmo autor, uma vez que por se tratar de uma amostra com nível de aptidão física intermediário, ela seja capaz de suportar uma relação volume-intensidade com maior impacto fisiológico e assim, o tempo de recuperação pode ser igual ao tempo de estímulo. Segundo Machado *et al.* (2017), o tempo total da sessão e a relação estímulo-recuperação podem ser consideradas componentes da carga de treino. A carga externa de um treinamento, isto é, o volume e intensidade de uma sessão de treino, podem ser determinados pela duração e pela qualidade/tempo de estímulo-recuperação da mesma, respectivamente. Já a carga interna de treino está ligada às respostas agudas proporcionadas pelo exercício, monitoradas via PSE e FC, geralmente. A literatura sugere protocolos de carga *all out* com tempo de estímulo, tempo de recuperação e duração total da sessão, bastante variados, pois é subjetivo ao nível de aptidão física da população envolvida.

### CONSIDERAÇÕES FINAL

Ao longo dos últimos 20 anos, venho estudando o comportamento do ser humano em treino dentro da água e cheguei a algumas conclusões, quero deixar claro que são minhas as opiniões e é fruto de muita leitura de artigos relacionados ao meio liquido, prática da atividade e principalmente observando os praticante e professores que ministram as aulas.

> 1 — As pessoas acreditam que somente por que os médicos indicam a atividade hidroginástica, só de entrar na água elas já estão sendo curadas. Conversam a aula toda e ficam felizes mas sem massa magra.

> 2 — Grande parte dos praticantes não sabem fazer os exercícios propostos.

> 3 — Grande parte dos professores não sabe orientar e corrigir os exercícios.

> 4 — As aulas não tem controle de intensidade e quantificação da carga.

> 5 — Grande maioria não avalia seus alunos, quando avaliam se preocupar com perimetria e plicometria.

6 — A maioria das aulas tem um formato de baixa/média intensidade onde a cada minuto mudam os exercícios causando uma monotonia levando o aluno a conversar.

7 — Muitos professores não sabem fazer uso dos equipamentos aquáticos como, por exemplo, usando o macarrão (equipamento flutuante) no plano horizontal uma vez que a resistência seria na vertical de baixo para cima.

8 — A população que prática a atividade não tem conhecimento do real benefício físico e se atem somente ao benefício psicossocial.

Por estes motivos estamos revolucionando os Programas de Exercícios aquáticos com o HIDROTREINAMENTO que tem uma proposta de vanguarda que procura esclarecer a sociedade a real eficácia dos exercícios realizados no meio líquido e também alertar os profissionais de Educação Física que se propõe a trabalhar na área aquática a ter a responsabilidade e comprometimento em se qualificar com conteúdos atualizados.

Com este formato de treino todas as populações, idosos a atletas, podem usar a água para melhorar a *performance* e qualidade de vida através do movimento com menos desgastes.

Para você que é *personal* uma grande sacada para variabilidade de seus treinos, grande parte das academias e condomínios tem piscina, tendo um conhecimento do HIDROTREINAMENTO o seu leque de produtos aumenta e sua clientela agradece.

Muito obrigado.

**REFERÊNCIAS BIBLIOGRÁFICAS**

ABOARRAGE JUNIOR, Antônio Michel. *Hidroesporte* — treinamento complementar. Londrina: Midiograf, 1997.

_____ . *Hidrotreinamento*. Rio de Janeiro: Shape, 2003.

_____ . *Treinamento de força na água:* uma estratégia de observação e abordagem pedagógica. São Paulo: Phorte, 2008.

AMERICAN COLLEGE OF SPORTS MEDICINE. *Guidelines for exercise testing and prescription*. Baltimore: Wilkins and Wilkins, 2000.

AQUATIC EXERCISE ASSOCIATION (AEA). *Fitness aquático:* um guia completo para profissionais. 6. ed. Barueri: Manole, 2014.

BARBOSA, Fabrício Madureira *et al.* Alterações morfofuncionais causadas pelo treinamento de força no meio líquido. *Fit Perf J.,* Santos, 2007; 6(3), p. 188-94, 2007. Disponível em: <http://www.fpjournal.org.br/painel/arquivos/455-10%20Treinamento%20de%20for%E7a%20aquatico%20Rev%20 3%20-%202007.pdf>. Acesso em: 6.11.2012.

BAUM, G. *Aquaeróbica:* manual do treinamento. Barueri: Manole, 2014.

BRENNAN, David K.; WILDER, Robert P. *Aqua running:* na instructor's manual. Houston: Houston International Running Center, 1990.

CARR, G. *Biomecânica dos esportes.* Barueri: Manole, 1998.

CAVALCANTI, Isabella Braga da Silva. *O treinamento de pliometria aquática e as respostas associadas à força e a potência de membros inferiores em idosas.* Tese (Graduação) — Curso de Educação Física, Departamento de Educação Física, Universidade Federal do Rio Grande do Norte, 2012.

HALL, S. J. *Biomecânica básica.* Rio de Janeiro: Guanabara Koogan, 1999.

HAMILL, J.; KNUTZEN, K. M. *Bases biomecânica do movimento humano.* Barueri: Manole, 1989.

HAY, J. G.; REID, J. G. *As bases anatômicas e mecânicas do movimento humano.* Rio de Janeiro: Pentice/Hall do Brasil, 1985.

MACHADO, A. F. et al. Body weight based in high intensity interval training: the new calisthenics? *MTP & Rehab Journal,* v. 15, p. 448, 2017.

MADUREIRA, Fabrício *et al.* Alterações morfofuncionais decorrentes do treinamento de força em duas modalidades: musculação e hidroginástica. *Revista ENAF Science Aquatic Exercise Association*, Águas de Lindóia, 2006.

ROSSI, Luciano Pavan; BRANDALIZE, Michelle. Pliometria aplicada à reabilitação de atletas. *Revista Salus,* Guarapuava, 2007. Disponível em: <http://web01. unicentro.br/revistas/index.php/salus/article/view/674/784>. Acesso em: 12.5.2012.

SIMÃO, Roberto *et al.* Atuação do ciclo alongamento-encurtamento durante ações musculares pliométricas. *Journal of Exercise and Sport Sciences,* Paraná, v. 1, n. 1, 2005.

SOVA, Ruth. *Hidroginástica na terceira idade.* 1. ed. Barueri: Manole, 1998.

# Princípios do Treinamento

*Alexandre F. Machado, M.Sc.*

## Introdução

O treinamento esportivo focado no alto rendimento tem por objetivo preparar atletas para chegarem ao máximo de sua forma física, técnica, tática e psicológica em uma época determinada em função do período de competições. No lazer o treinamento esportivo tem por objetivo a melhora da condição física para uma melhor qualidade de vida e no treinamento esportivo educacional ele esta focado no desenvolvimento motor para um melhor crescimento e desenvolvimento das crianças e jovens.

Os exercícios físicos utilizados como meio de treinamento podem ser divididos em quatro categorias, descritas abaixo:

**(1) Preparação geral**: Exercícios responsáveis pelo desenvolvimento funcional geral do organismo. Asseguram uma preparação de base concreta, possibilitando um desenvolvimento harmonioso do organismo;

**(2) Preparação complementar**: Exercícios responsáveis me preparar o organismo para a preparação específica;

# CAPÍTULO 9

**(3) Preparação específica ou especial**: Estes exercícios formam a maior parte do treinamento. São exercícios que possuem uma estrutura de intensidade e volume próximos às das atividades de competição;

**(4) Preparação para competição**: Realização de exercícios idênticos às atividades de competição, ou de exercícios que estão muito próximos a competição, respeitando as regras e as limitações da mesma.

## PRINCÍPIOS DO TREINAMENTO

O desenvolvimento e aperfeiçoamento da condição física fundamentam-se em um processo com um conjunto de leis que constituem uma espécie de guia para os profissionais da área de preparação física, chamado de princípios do treinamento desportivo. O aumento do condicionamento físico ocorre como resultado de uma série de repetidas sessões de exercícios físicos. As adaptações causadas no organismo pelo exercício serão planejadas de forma detalhada e estruturada, respeitando os princípios do treinamento desportivo (VERKHOSHNSKY, 1996).

A utilização dos princípios do treinamento desportivo durante a montagem do programa de treinamento permite que o professor possa adaptar os métodos em meios de treinamento já existentes com as necessidades de cada aluno ou atleta (DANTAS, 2003).

Não existe método de treinamento aplicado de forma isolada que irá melhorar a condição física do atleta. Para que um programa de treinamento seja bem sucedido devemos seguir os princípios do treinamento desportivo (MAGLISCHO, 2010).

## PRINCÍPIO DA INDIVIDUALIDADE BIOLÓGICA

Indivíduos diferentes respondem de forma diferente ao mesmo treinamento, a este processo chamamos de individualidade biológica que basicamente é regido por dois fatores: (1) herança genética ou genótipo; e (2) nível de condicionamento atual ou fenótipo.

O ser humano deve ser considerado como a soma do genótipo mais o fenótipo, com isso, entendem-se que as potencias são determinadas pelo genótipo e as capacidades são determinadas pelo fenótipo (BOMPA, 2002).

> **Genótipo**: A herança genética determina em grande parte a resposta do treinamento aeróbio e anaeróbio. A tipologia de fibras é um dos principais determinantes da *performance* e da adaptação no organismo, pois um individuo com um percentual de fibras rápidas predominantes no organismo responderá de forma mais eficiente ao treinamento de potência e velocidade enquanto que um individuo com um percentual de fibras lentas predominantes responderá de forma mais eficiente ao treinamento de resistência (MAGLISCHO, 2010).

Sem dúvida para a formação de um atleta de alto nível a genética faz toda a diferença, mas pensando em condicionamento físico voltado para saúde isso quer dizer que mesmo se o nosso aluno não tiver a genética favorecendo determinada capacidade física ele será capaz de desenvolvê-la e aperfeiçoá-la.

> **Fenótipo**: O nível de condicionamento tem um papel fundamental para o desenvolvimento da forma física, pois indivíduos que estão muito tempo sem uma prática regular de exercícios físicos tendem a ter uma velocidade de desenvolvimento maior do que aqueles que já estão praticando regularmente o exercício físico. Este aumento é mais evidente nas primeiras 12 semanas de treinamento para aqueles que estão iniciando ou retornando a prática regular de exercícios físicos (MACHADO, 2010). Posteriormente a este período de evolução da condição física de forma rápida a maioria irá estabilizar a condição física ou terá progressos muito pequenos em função de estar trabalhando no limite fisiológico do organismo.

Em função do aumento de prática de exercícios físicos cada vez mais se torna mais difícil a melhora da condição física no praticante caso ele não tenha uma modificação na metodologia de trabalho e manipulação das cargas de treinamento de forma a provocar estímulos diferenciados no organismo.

Certamente os indivíduos que treinam de forma consciente, planejada e orientada irão se sair melhor na evolução da condição física em comparação aos indivíduos que não tem nenhum tipo de planejamento e acompanhamento orientado.

## Princípio da adaptação

O princípio da adaptação é regido pela lei da ação e reação, para cada estímulo (ação) sofrido pelo organismo ele terá uma reação diferente. Para que ocorra a adaptação o organismo deverá trabalhar em um nível metabólico mais elevado. Cada intensidade de estímulo gera uma resposta do organismo, onde estímulos fracos não acarretam nenhuma alteração no organismo, estímulos médios apenas excitam, estímulos fortes causam as adaptações almejadas e os estímulos muito fortes causam danos ao organismo (DANTAS, 2003).

Entre os estímulos ou estresse como também podemos denominá-los, pode ocorrer dois tipos de estresse o estresse positivo que provoca uma adaptação biopositiva (*eustress*) ou o estresse negativo que provoca uma adaptação bionegativa (*distress*). Foi observado que um conjunto de estresse positivos proporcionava uma adaptação orgânica chamada de Síndrome da Adaptação Geral (SAG), estas adaptações são compostas por três fases descritas abaixo (SELYE, 1956):

**Fase de alarme:** É quebrada a homeostase do organismo onde ocorre uma excitação mas não chega a provocar uma adaptação em função do estímulo ser de baixa intensidade.

**Fase de resistência:** Geralmente ocorre com uma sequência de estímulos ou com um estímulo com uma intensidade considerável ao ponto de provocar danos, mas que o organismo consiga se recuperar após um período de recuperação. Nessa fase é que ocorre as adaptações biopositivas.

**Fase de exaustão:** Ocorre em função de um estímulo muito forte gerando lesões no organismo ou também por estímulos aplicados de forma sequencial sem permiti que o organismo tenha um período adequado de recuperação. Os danos provocados nesta fase podem ser temporários ou permanente, gerando com isso um estresse bionegativo ao praticante e impossibilitando-o de prosseguir com a prática de exercícios.

A partir deste princípio podemos classificar as cargas de treinamento em cargas (OZOLIN, 1970): ineficaz, desenvolvimento, manutenção, recuperação e excessiva.

**Carga ineficaz:** Não provoca nenhum tipo de beneficio ao treinamento em função de sua baixa intensidade sendo insuficiente para causar uma adaptação biopositiva.

**Carga de desenvolvimento:** Estas cargas geram uma adaptação biopositiva de magnitude ótima para o praticante de exercícios físicos, tendo como objetivo um desenvolvimento continuo da condição física de forma eficiente e segura para o praticante e ou atleta na sua respectiva modalidade.

**Carga de manutenção:** Estas cargas são inferiores as cargas de desenvolvimento, porém são de suma importância para o treinamento, pois, elas permitem a estabilização da condição física para que o praticante e ou atleta possa continua no processo de desenvolvimento da condição física. Basicamente estas cargas firmam o processo alcançado com as cargas de desenvolvimento.

**Carga de recuperação**: As cargas de recuperação garantem ao organismo o restabelecimento das condições biológicas e são utilizadas após períodos longos de preparação e após competições. Sua característica é sempre com cargas de volume e intensidade baixos garantindo a regeneração dos substratos energéticos gastos durante o treinamento.

Em geral esta carga deve permitir uma recuperação do organismo adequada assegurando uma nova carga de treinamento e seu desenvolvimento sobre esta carga (Figura 2.1).

## Figura 2.1 — Representação gráfica do potencial adaptativo em função do treinamento e dos dias de recuperação

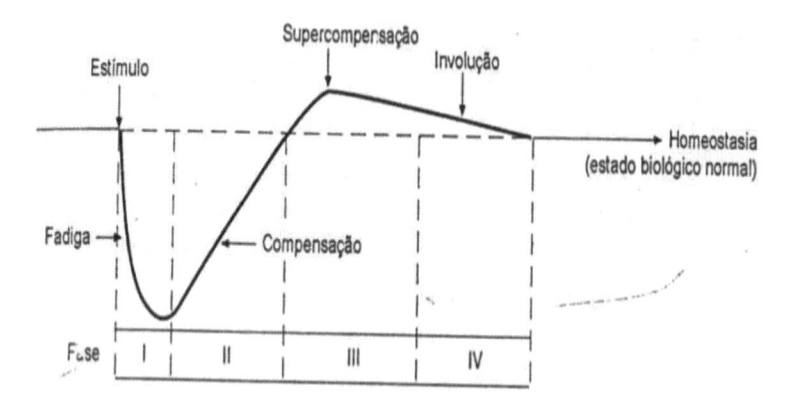

**Carga excessiva:** Ao contrario da carga ineficaz esta carga pode provocar danos, queda no rendimento o conhecido *overtraining* (Figura 2.2).

## Figura 2.2 — Representação gráfica da curva de supercompensação e da curva de *overtraining*

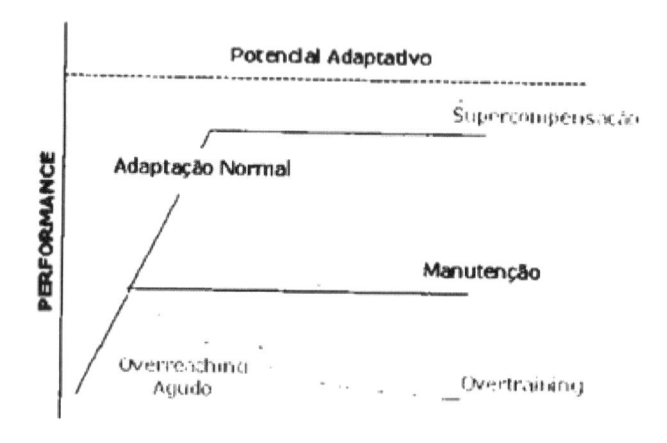

Na prática o processo de adaptação deverá envolver três etapas distintas para que obtenha sucesso (MAGLISCHO, 2010): (1) Criar a necessidade de adaptação no organismo através do treinamento especifico;

(2) Proporcionar uma recuperação adequada ao estímulo imposto; e (3) Garantir que o organismo tenha nutrientes corretos e em quantidades ideais para permitir a total adaptação do organismo.

Após a adaptação do organismo o mesmo estímulo (treinamento) não será suficiente para continuar a provocar as adaptações e com isso surgirá à necessidade aplicar-se uma nova carga de trabalho seja pela intensidade, volume ou densidade do treinamento, em outras palavras deveremos aplicar o princípio da sobrecarga.

### PRINCÍPIO DA SOBRECARGA

Todo estímulo é considerado uma carga para o organismo, e objetivo de se aplicar uma nova carga (sobrecarga) é atingir determinada forma física, com isso após aplicação de uma carga devemos respeitar alguns critérios (DANTAS, 2003), sendo eles: tempo de recuperação, intensidade da carga aplicada anteriormente, pois caso contrário, cairemos em um dos dois tipos de erros, que são a recuperação excessiva para carga aplicada (Figura 2.3 momento 4) e a recuperação insuficiente para a carga aplicada (Figura 2.3 momento 2).

**Figura 2.3 — Oscilação da capacidade de** *performance* **do indivíduo**

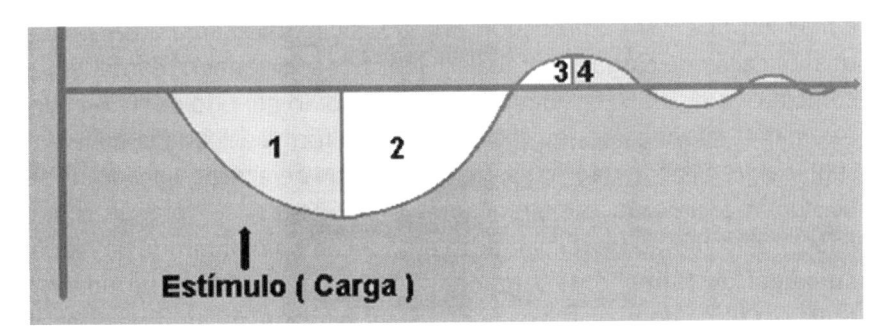

Oscilação da capacidade de *performance* do indivíduo, no momento 1 é aplicado treinamento (estímulo), no momento 2 o indivíduo se encontra em regeneração, no momento 3 o indivíduo já esta totalmente regenerado e pronto para uma nova carga de trabalho e no momento 4, o individuo esta em uma condição onde o momento correto de aplicação de uma nova carga de trabalho já foi ultrapassado.

A sobrecarga se faz necessária para provocar a adaptação bioposi-tiva do organismo por três razões básicas: alcançar níveis superiores de adaptação, produzir quantidades superiores de energia a medida que a utilizamo-las e otimizar o processo de geração de energia aeróbia e anaeróbia (PLATONOV, 2008).

A dinâmica do aumento das cargas pode ocorrer de diferentes formas, porém todas devem ter aumento continuo e gradual respei-tando as condições orgânicas do praticante e ou atleta de acordo com os objetivos. As dinâmicas das cargas podem ter características: linear crescente, ondulatória, escalonada e piramidal (MACHADO, 2011).

A sobrecarga na variável volume de treinamento é caracterizada pelo grau de assimilação do treinamento do atleta, período dentro do macrociclo em que o atleta ou praticante se encontra e pelos objetivos almejados, a sobrecarga pela intensidade é caracterizada pelo período macrociclo em que o praticante e ou atleta se encontra, pelos objetivos almejados e pela modalidade praticada e a sobrecarga pela densidade do treinamento é caracterizada pelo tempo entre um estímulo e outro.

A quantificação das cargas de trabalho é uma das tarefas básicas e mais importantes do profissional de educação física. Para uma correta quantificação de cargas de trabalho devemos selecionar os conteúdos e combinar as distribuições das cargas ao longo do período de treinamen-to e para realizar a distribuição da carga de forma adequada devemos seguir algumas orientações: selecionar cargas de acordo com os níveis de condicionamento dos praticantes e ou atletas, cumprir de forma adequada o tempo de recuperação em função da magnitude da carga, aumentar de forma lenta e gradativa as cargas de trabalho, repetir o exercício físico com objetivo de conhecer o processo de regeneração deste, aplicar cargas integradas para um desenvolvimento generalizado, controlar e avaliar constantemente as cargas de trabalho e alternar as cargas de trabalho durante o período de treinamento.

O aumento da condição física é dependente do aumento das cargas de trabalho, e a escolha da incidência do volume, intensidade ou densidade no período determinado de treinamento respeitará a qualidade física trabalhada, o tempo de treinamento e o nível de condicionamento físico (VERKHOSHNSKY, 1996). A carga de trabalho selecionada deve garantir a correta adaptação do atleta para que possa ocorrer o desenvolvimento das capacidades físicas almejadas.

Entende-se como uma variável de volume aquelas que estão direcionadas com a distância total percorrida, tempo total de trabalho, número total de exercícios, variável de intensidade aquelas que estão diretamente ligadas cargas utilizadas, velocidade de trabalho e amplitude de movimentos (VERKHOSHNSKY, 1996) e densidade do treinamento os períodos de recuperação entre um estímulo e outro e entre uma sessão de treinamento e outra (MAGLISCHO, 2010).

O praticante não pode treinar semana após semana com a mesma demanda de carga de trabalho e ainda sim ter resultados biopositivos. Para que o indivíduo possa ter adaptações biopositivas de forma crescente e constante se faz necessária manipulação das cargas de trabalho de forma correta, pois a manipulação realizada de forma incorreta vai gerar uma adaptação bionegativa e consequentemente não irá gerar a adaptação esperada.

O método mais simples de melhorar o desempenho do praticante é pelo aumento da intensidade de treinamento, mas se o objetivo é melhorar o condicionamento aeróbio os aumentos na velocidade devem ser monitorados para que o praticante não desvie o metabolismo aeróbio para o anaeróbio. As adaptações conseguidas rapidamente com o aumento da intensidade são perdidas rapidamente, pois são apenas ajustes fisiológicos mas, as adaptações estruturais obtidas com o treinamento de intensidade permanecem por semanas até meses mesmo com um treinamento menos intenso.

A manipulação das cargas que envolvem uma progressão do volume de treinamento permite que os praticantes aumentem de forma constante o metabolismo aeróbio e a resistência muscular. A sobrecarga pelo volume permite um desenvolvimento por até 16 semanas até o ponto de platô do condicionamento, onde será necessária uma manipulação das diferentes cargas para prosseguir com o aumento do condicionamento (MIRWALD; BAILEY, 1986).

A densidade do treinamento certamente é o mais efetivo método para o desenvolvimento da resistência muscular. Os intervalos de recuperação reduzidos aumentam a quantidade de energia fornecida pelo metabolismo aeróbio e diminuição da participação do metabolismo anaeróbio. Este método é indicado para trabalhar perto das competições e para o treinamento de ritmo.

A manipulação das variáveis do treinamento deve ser feita de forma consciente e planejada para que o indivíduo possa ter a progressão no condicionamento físico de forma constante e progressiva de acordo com os objetivos, abaixo podemos observar um quadro rápido das respostas das manipulações de cada uma das variáveis (Tabela 2.1).

**Tabela 2.1 — Quadro dinâmico de manipulação das variáveis de treinamento e suas respostas adaptativas**

| VARIÁVEIS | Aumento | Redução |
|---|---|---|
| VOLUME | Melhorar o componente aeróbio | Melhora o componente anaeróbio |
| INTENSIDADE | Melhora o componente anaeróbio | Melhorar o componente aeróbio |
| DENSIDADE | Melhora o componente anaeróbio | Melhorar o componente aeróbio |

*PRINCÍPIO DA CONTINUIDADE*

A preparação física baseia-se em aplicação de cargas crescentes que automaticamente vão sendo assimiladas pelo organismo, onde se observa períodos de estresse e períodos de recuperação (DANTAS, 2003). Esse princípio baseia-se em uma aplicação de uma nova carga de trabalho antes que o organismo se recupere totalmente da carga anterior, e com a continuidade destes estímulos ocorrerá o fenômeno da supercompensação.

Este processo sistematizado e organizado é conhecido com princípio da continuidade, este por sua vez esta diretamente ligado com o princípio da sobrecarga pois sem uma correta aplicação de uma nova carga de trabalho o condicionamento pode ter um efeito negativo e com isso ter uma adaptação negativa (Figura 2.4) ao invés de uma positiva (Figura 2.5).

**Figura 2.4 — Representação gráfica da continuidade de estímulos e uma adaptação bionegativa com resposta**

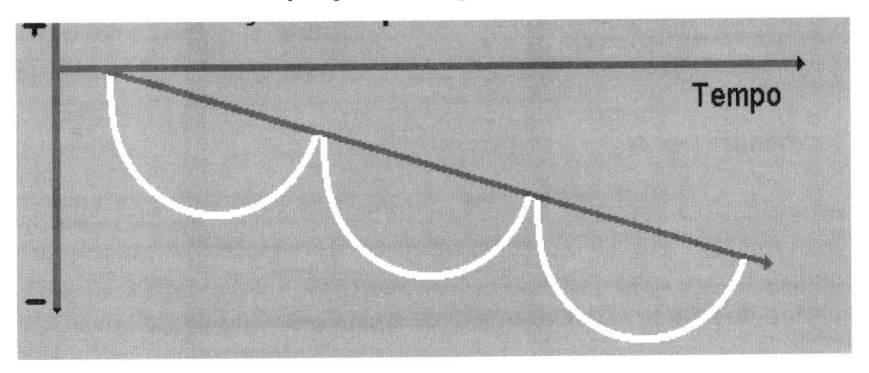

**Figura 2.5 — Representação gráfica da continuidade de estímulos e uma adaptação biopositiva com resposta**

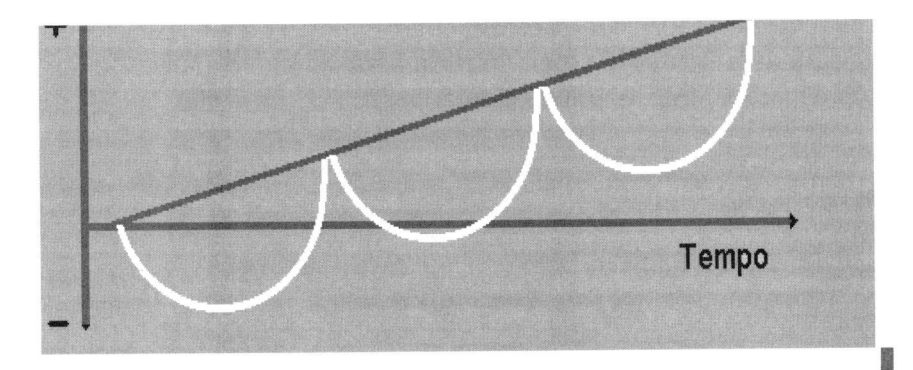

### Princípio da Especificidade

Este princípio surgiu da necessidade de se adequar o treinamento do segmento corporal com o sistema energético e o gesto esportivo, tudo isso com um único objetivo o da melhor *performance*. Durante o treinamento o professor cria situações reais de prova para que se possam avaliar os sistemas metabólicos, musculoesquelético e cardiorrespiratório em condições reais e assim obter dados mais fidedignos quanto as reais condições de seu aluno (WEINECK, 1999).

O princípio da especificidade baseia-se em adaptações fisiológicas e metabólicas especificas do gesto motor realizado e que as adaptações serão mais eficientes quanto mais próximos da realidade forem os estímulos.

### Capacidades Físicas

As capacidades físicas nos permitem executar as ações motoras, sejam elas do dia a dia ou esportivas desde as mais simples até as mais complexas. Ser mais rápido, mais forte e mais flexível não é só uma questão de genética, mas também de treinamento ao longo dos anos.

Podemos dividir as capacidades físicas em condicionais e coordenativas. As capacidades condicionais relacionam-se com o aspecto quantitativo, enquanto que as coordenativas se relacionam com o aspecto qualitativo do movimento.

Entre as capacidades condicionais temos: Força, Flexibilidade, Velocidade e Resistência e entre as capacidades coordenativas temos coordenação, ritmo, equilíbrio e antecipação.

### Referêcias Bibiográficas

AMERICAN COLLEGE OF SPORTS MEDICINE. *Manual de pesquisa das diretrizes do ACSM para os testes de esforço e sua prescrição.* 4. ed. Rio de Janeiro: Guanabara, 2003.

ANOSOV, O.; PATZAK, A.; KONONOVICH, Y.; PERSSON, P. B. High-frequency oscillations of the heart rate during ramp load reflect the human anaerobic threshold. *European Journal of Applied Physiology*, New York, v. 83, n. 4/5, p. 388-394, 2000.

ARMSTRONG, N.; WELSMAN, J. R. Assessment and interpretation of aerobic fitness in children and adolescents. *Exercise and Sport Sci. Reviews*, v. 22, p. 435-476, 1994.

ÄSTRAND, P. O. Aerobic capacity in mem and women with special reference toage. *Acta Physiolocal Scandinava*, v. 49, p.1-92, 1960.

BEAVER, W. L.; WASSERMAN, K.; WHIPP, B. J. Improved detection of lactate threshold during exercise using a log-log transformation. *Journal of Applied Physiology*, Bethesda, v. 59, n. 6, p. 1936-40, 1985.

BISHOP, D.; EDGE, J. Determinants of repeated-sprint ability in females matched for single-sprint performance. *Eur. J. Appl. Physiol.*, 97, p. 373-379, 2006.

BISHOP, D.; EDGE, J.; DAVIS, C.; GOODMAN, C. Induced Metabolic Alkalosis Affects Muscle Metabolism and Repeated-Sprint Ability. *Medicine & Science In Sports & Exercise*, p. 807-813, 2003.

BORCH, K. W.; INGJER, F.; LARSEN, S.; TOMTEN, S. E. Rate of accumulation of blood lactate during graded exercise as a predictor of 'anaerobic threshold'. *Journal of Sports Sciences*, London, v. 11, n. 1, p. 49-55, 1993.

BOSCO, C.; LUHTANEN, P.; KOMI, P. V. A simple method for measurement of mechanical power in jumping. *European Journal Applied Physiology*, 50, p. 273-282, 1987.

BRADSHAW, D. I.; GEORGE, J. D.; HYDE, A.; LAMONTE, M. J.; VEHRS, P. R.; HAGER, R. L.; YANOWITZ, F. G. An accurate VO2max non exercise regression model for 18-65-year-old adults. *Res. Q. Exerc. Sport.*, 76(4), p. 426-32, dec. 2005.

BRUBAKER, P. H.; KIYONAGA, A.; MATRAZZO, B. A.; POLLOCK, W. E.; SHINDO, M.; MILLER, H. S. J. R.; TANAKA, H. Identification of the anaerobic threshold using double product in patients with coronary artery disease. *American Journal of Cardiology*, New York, v. 79, n. 3, p. 360-2, 1997.

BRUM, P.; FORJAZ, C. L. M.; TINUCCI, T.; NEGRÃO, C. E. Adaptações agudas e crônicas do exercício físico no sistema cardiovascular *Rev. Paul. Educ. Fís.*, São Paulo, v. 18, p. 21-31, ago. 2004.

BUCHANAN, M.; WELTMAN, A. Effects of pedal frequency on $VO_2$ and work output at lactate threshold (LT), fixed blood lactate concentrations of 2 mM and 4 mM, and max in competitive cyclists. *International Journal of Sports Medicine*, Stuttgard, v. 6, n. 3, p. 163-8, 1985.

BUNC, V.; HOFMANN, P.; LEITNER, H.; GAISL, G. Verification of the heart rate threshold. *European Journal of Applied Physiology and Occupational Physiology*, Berlin, v. 70, n. 3, p. 263-9, 1995.

CALVO, F.; CHICHARRO, J. L.; BANDRES, F.; LUCIA, A.; PEREZ, M.; ALVAREZ, J.; MOJARES, L. L.; VAQUERO, A. F.; LEGIDO, J. C. Anaerobic threshold determination with analysis of salivary amylase. *Canadian Journal of Applied Physiology*, Champaign, v. 22, n. 6, p. 553-61, 1997.

CASADEI, B.; COCHRANE, S.; JOHNSTON, J.; CONWAY, J.; SLEIGHT, P. Pitfalls in the interpretation of spectral analysis of the heart rate variability during exercise in humans. *Acta Physiologica Scandinavica*, Stockholm, v. 153, n. 2, p. 125-31, 1995.

CHICHARRO, J. L.; CALVO, F.; ALVAREZ, J.; VAQUERO, A. F.; BANDRES, F.; LEGIDO, J. C.; Anaerobic threshold in children: determination from saliva analysis in field tests. *European Journal of Applied Physiology and Occupational Physiology*, Berlin, v. 70, n 6, p. 541-4, 1995.

CHWALBINSKA-MONETA, J.; KRYSZTOFIAK, F.; ZIEMBA, A.; NAZAR, K.; KACIUBA-USCILKO, H. Threshold increases in plasma growth hormone in relation to plasma catecholamine and blood lactate concentrations during progressive exercise in endurance-trained athletes. *European Journal of Applied Physiology and Occupational Physiology*, Berlin, v. 73, n. 1/2, p. 117-20, 1996.

COEN, B.; URHAUSEN, A.; KINDERMANN, W. Individual anaerobic threshold: methodological aspects of its assessment in running. *International Journal of Sports Medicine*, Stuttgard, v. 22, n. 1, p. 8-16, 2001.

COSTILL, D. L.; KOVALESKI, J.; PORTER, D.; KIRWAN, J.; FIELDING, R.; KING, D. Energy expenditure during front crawl swimming: predicting success in middle-distance events. *Int. J. Sports Med.*, 6(5), p. 266-70, oct. 1985.

COTTIN, F.; MEDIGUE, C.; LEPRETRE, P. M.; PAPELIER, Y.; KORALSZTEIN, J. P.; BILLAT, V. L. Heart rate variability during exercise performed below and above ventilatory threshold. *Medicine and Science in Sports and Exercise*, Madison, v. 36, n. 4, p. 594-600, 2004.

CROUTER, S. E.; ANTCZAK, A.; HUDAK, J. R.; DELLAVALLE, D. M.; HAAS, J. D. Accuracy and reliability of the parvomedics trueone 2400 and medgraphics VO2000 metabolic systems. *Eur J. Appl Physiol.*, 98(2), p. 139-51, sep. 2006.

DANTAS, E. H. M. *A prática da preparação física*. Rio de Janeiro: Shape, 2003.

DEKERLE, J.; BARON, B.; DUPONT, L.; GARCIN, M.; VANVELCENAHER, J.; PELAYO, P. Effect of incremental and submaximal constant load tests: protocol on perceived exertion (CR10) values. *Percept Mot Skills.*, 96(3 Pt 1), p. 896-904, jun. 2003.

FARDY, P. S.; HELLERSTEIN, H. K. A comparison of continuous and intermittent progressive multistage exercise testing. *Med. Sci. Sports*, 10(1), p. 7-12, spring 1978.

FERNANDES, R. J.; CARDOSO, C. S.; SOARES, S. M.; ASCENSÃO, A.; COLAÇO, P. J.; VILAS-BOAS, J. P. Time limit and VO2 slow component at intensities corresponding to VO2max in swimmers. *Int. J. Sports Med.*, 24(8), p. 576-81, nov. 2003.

FONTANA, P.; BOUTELLIER, U.; KNÖPFLI-LENZIN, C. Time to exhaustion at maximal lactate steady state is similar for cycling and running in moderately trained subjects. *Eur. J. Appl Physiol.*, 107(2), p. 187-92, sep. 2009.

FRANCIS, K. T.; MCCLATCHEY, P. R.; SUMSION, J. R.; HANSEN, D. E. The relationship between anaerobic threshold and heart rate linearity during cycle ergometry. *European Journal of Applied Physiology and Occupational Physiology*, Berlin, v. 59, n. 4, p. 273-7, 1989.

GIBSON, A. S. T. C.; LAMBERT, M.; HAWLEY, J. A.; BROOMHEAD, S. A.; NOAKES, T. D. Measurement of maximal oxygen uptake from two different laboratory protocols in runners and squash players. *Med. Sci. Sport Exerc.*, p. 1226-29, 1999.

GLAISTER, M. Multiple sprint work — physiological responses, mechanisms of fatigue and the influence of aerobic fitness. *Sports Medicine*, 35 (9), p. 757-777, 2005.

GOMES, A. C. *Treinamento desportivo:* estrutura e periodização. 2. ed. Porto Alegre: Artmed, 2009.

GRETEBECK, R. J.; LATENDRESSE, J.; KARAPETIAN, G. K.; ENGELS, H. J. Use of heart rate variability to estimate lactate threshold. *Medicine and Science in Sports and Exercise*, Madison, v. 36, n.5, p S42-S43, 2004.

GRUPI, C. J.; MOFFA, P. J.; SANCHES, P. C. R.; BARBOSA, S. A.; BELLOTTI, G. M. V.; PILLEGI, F. J. C. Variabilidade da frequência cardíaca: significado e aplicação clínica. *Revista da Associação Médica Brasileira*, v. 40, n. 2, p. 129-136, 1994.

HAYES, P. R.; QUINN, M. D. A mathematical model for quantifying training. *Eur. J. Appl. Physiol.*, 106, p. 839-47, 2009.

HECK, H.; MADER, A.; HESS, G.; MUCKE, S.; MULLER, R.; HOLLMANN, W. Justification of the 4mmol/l lactate threshold. *International Journal of Sports Medicine*, Stuttgard, v. 6, n. 3, p. 117-130, 1985.

HEDELIN, R.; BJERLE, P.; HENRIKSSON-LARSEN, K. Heart rate variability in athletes: relationship with central and peripheral performance. *Medicine and Science in Sports and Exercise*, Madison, v. 33, n. 8, p. 1394-8, 2001.

HIRSCH, J. A.; BISHOP, B. Respiratory sinus arrhythmia in humans: how breathing pattern modulates heart rate. *American Journal of Physiology*, Baltimore, v. 241, n. 4, p. H620-9, 1981.

HODGES, L. D.; BRODIE, D. A.; BROMLEY, P. D. Validity and reliability of selected commercially available metabolic analyzer systems. *Scand. J. Med. Sci. Sports.*, 15(5), p. 271-9, oct. 2005.

HOFF, J.; KEMI, O. J.; HELGERUD, J. Strength and endurance differences between elite and junior elite ice hockey players. The importance of allometric scaling. *Int. J. Sports Med.*, 26(7), p. 537-41, sep. 2005.

HOLLMANN, W. 42 years ago-development of the concepts of ventilatory and lactate threshold. *Sports Medicine*, Auckland, v. 31, n. 5, p. 315-20, 2001.

HOPKINS, L.; COCHRANE, J.; MAYHEW, J. I. Prediction of arm and leg strength from the 7-10 rm before and after training on nautilus machine weigths. *IAHPERD J.*, 33, p. 40-1, 1999.

HUG, F.; LAPLAUD, D.; SAVIN, B.; GRELOT, L. Occurrence of electromyographic and ventilatory thresholds in professional road cyclists. *European Journal of Applied Physiology*, New York, v. 90, n. 5/6, p. 643-6, 2003.

HUIKURI, H. V.; MAKIKALLIO, T. H.; PERKIOMAKI, J. Measurement of heart rate variability by methods based on nonlinear dynamics. *Journal of Electrocardiology*, Durham, v. 36, suppl. p. 95-9, 2003.

HURLEY, B. F.; HAGBERG, J. M.; ALLEN, W. K.; SEALS, D. R.; YOUNG, J. C.; CUDDIHEE, R. W.; HOLLOSZY, J. O. Effect of training on blood lactate levels during submaximal exercise. *Journal of Applied Physiology*, Bethesda, v. 56, n. 5, p. 1260-4, 1984.

JAMES, D. V.; SANDALS, L. E.; DRAPER, S. B.; WOOD, D. M. Relationship between maximal oxygen uptake and oxygen uptake attained during treadmill middle-distance running. *J. Sports Sci.*, 25(8), p. 851-8, jun. 2007.

KINDERMANN, W.; SIMON, G.; KEUL, J. The significance of the aerobic-anaerobic transition for the determination of work load intensities during endurance training. *European Journal of Applied Physiology*, New York, v.1, n. 42, p. 25-34, 1979.

KRUSTRUP, P.; MOHR M.; AMSTRUP, T.; RYSGAARD, T.; JOHANSEN, J.; STEENSBERG, A.; PEDERSEN, P. K.; BANGSBO, J. The yo-yo intermittent recovery test:

physiological response, reliability, and validity. *Med. Sci. Sports Exerc.*, 35(4), p. 697-705, apr. 2003.

LUCÍA, A.; RIVERO, J. L.; PÉREZ, M., SERRANO, A. L.; CALBET, J. A.; SANTALLA, A.; CHICHARRO, J. L. Determinants of VO(2) kinetics at high power outputs during a ramp exercise protocol. *Med. Sci. Sports Exerc.*, 34(2), p. 326-31, feb. 2002.

LUCIA, A.; SANCHEZ, O.; CARVAJAL, A.; CHICHARRO, J. L. Analysis of the aerobic-anaerobic transition in elite cyclists during incremental exercise with the use of electromyography. *British Journal of Sports Medicine,* London, v. 33, n. 3, p. 178-85, 1999.

LUCIA, A.; HOYOS, J.; SANTALLA, A.; PEREZ, M.; CARVAJAL, A.; CHICHARRO, J. L. Lactic acidosis, potassium, and the heart rate deflection point in professional road cyclists. *British Journal of Sports Medicine,* London, v. 36, n. 2, p. 113-7, 2002.

MACFARLANE, D. J. Automated metabolic gas analysis systems: a review. *Sports Med.,* 31(12), p. 841-61, 2001.

MAHONY, N.; DONNE, B.; O'BRIEN, M. A comparison of physiological responses to rowing on friction-loaded and air-braked ergometers. *J. Sports Sci.*, 17(2), p. 143-9, feb. 1999.

MALEK, M. H.; BERGER, D. E.; HOUSH, T. J.; COBURN, J. W.; BECK, T. W. Validity of VO2max equations for aerobically trained males and females. *Med. Sci. Sports Exerc.,* 36(8), p. 1427-32, aug. 2004.

MALEK, M. H.; HOUSH, T. J.; SCHMIDT, R. J.; COBURN, J. W.; BECK, T. W. Proposed tests for measuring the running velocity at the oxygen consumption and heart rate thresholds for treadmill exercise. *J. Strength Cond. Res.*, 19(4), p. 847-52, nov. 2005.

MARGARIA, R.; CERRETELL, P.; AGHEMO, P.; SASSI, G. The effects of running speed on the metabolic and mechanical. *J. Appl. Physiol.,* 18, p. 367-70, 1963.

MARQUES, M. A. C. *O trabalho de força no alto rendimento desportivo:* da teoria a prática. Lisboa: Horizonte, 2005.

MAYHEW, J. L.; PIPER, F. C.; WARE, J. S. Anthropometric correlates with strength performance among resistance trained athletes. *J. Sports Med. Phys. Fitness.,* 33, p. 159-65, 1993.

MAZZEO, R. S.; MARSHALL, P. Influence of plasma catecholamines on the lactate threshold during graded exercise. *Journal of Applied Physiology,* Bethesda, v. 67, n. 4, p. 1319-22, 1989.

MCNAUGHTON, L. R.; SHERMAN, R.; ROBERTS, S.; BENTLEY, D. J. Portable gas analyser cosmed K4b2 compared to a laboratory based mass spectrometer system. *J. Sports Med. Phys. Fitness*, 45(3), p. 315-23, sep. 2005.

MIDGLEY, A. W.; MCNAUGHTON, L. R.; POLMAN, R.; MARCHANT, D. Criteria for determination of maximal oxygen uptake: a brief critique and recommendations for future research. *Sports Med.*, 37(12), p. 1019-28, 2007.

NEWMANN, G.; SCHULER, K. P. Sportmedizinische funktionsdiagnostik. sportmedizine schriftenreiche. *J. A. Barth.*, Leipzig, p. 114-115, 1989.

NOAKES, T. D.; CLAIR, S. T.; GIBSON, A.; LAMBERT, E. V. From catastrophe to complexity: a novel model of integrative central neural regulation of effort and fatigue during exercise in humans. *Br. J. Sports Med.*, 38, p. 511-14, 2004.

OMIYA, K.; ITOH, H.; HARADA, N.; MAEDA, T.; TAJIMA, A.; OIKAWA, K.; KOIKE, A.; AIZAWA, T.; FU, L. T.; OSADA, N. Relationship between double product break point, lactate threshold, and ventilatory threshold in cardiac patients. *European Journal of Applied Physiology*, New York, v. 91, n. 2/3, p. 224-9, 2004.

PAAVOLAINEN, L.; HAKKINEN, K.; HAMALAINEN, I.; NUMMELA, A.; RUSKO, H. Explosive-strength training improves 5-km running time by improving running economy and muscle power. *Journal of Applied Physiology*, v. 86, n. 5, p. 1527-1533, 1999.

PAFFENBARGER, R. S. J. R.; BLAIR, S. N.; LEE, I. M. A history of physical activity, cardiovascular health and longevity: the scientific contributions of Jeremy N. Morris, DSc, DPH, FRCP. *Int. J. Epidemiol.*, 30(5), p. 1184-92, oct. 2001.

PINNINGTON, H. C.; WONG, P.; TAY J.; GREEN, D.; DAWSON, B. The level of accuracy and agreement in measures of FEO2, FECO2 and VE between the cosmed K4b2 portable, respiratory gas analysis system and a metabolic cart. *J. Sci. Med. Sport.*, 4(3), p. 324-35, sep. 2001.

PLATONOV, V. N. *Tratado geral de treinamento desportivo.* São Paulo: Phorte, 2008.

POBER, D. M.; FREEDSON, P. S.; KLINE, G. M.; MCINNIS, K. J.; RIPPE, J. M. Development and validation of a one-mile treadmill walk test to predict peak oxygen uptake in healthy adults ages 40 to 79 years. *Can J. Appl Physiol.*, 27(6), p. 575-89, dec. 2002.

PRINGLE, J. S. M.; JONES, A. M. Maximal lactate steady state, critical power and EMG during cycling. *Eur. J. Appl Physiol.*, 88, p. 214-226, 2002.

REINHARD, U.; MULLER, P. H.; SCHMULLING, R. M. Determination of anaerobic threshold by the ventilation equivalent in normal individuals. *Respiration*, Basel, v. 31, n. 1, p. 36-42, 1979.

ROBERGS, R. A.; CHWALBINSKA-MONETA, J.; MITCHELL, J. B.; PASCOE, D. D.; HOUMARD, J.; COSTILL, D. L. Blood lactate threshold differences between arterialized and venous blood. *International Journal of Sports Medicine,* Stuttgard, v. 11, n. 6, p. 446-51, 1990.

SEALS, D. R.; VICTOR, R. G. Regulation of muscle sympathetic nerve activity during exercise in humans. *Exerc. Sport Sci. Rev.,* 19, p. 313-49, 1991.

SEELY, A. J. E.; MACKLEM, P. T. Complex systems and the technology of variability analysis. *Critical Care,* London, v. 8, p. 367-84, 2004.

SPURRS, R. W.; MURPHY, A. J.; WATSFORD, M. L. The effect of plyometric training on distance running performance. *European Journal of Applied Physiology,* v. 89, n. 1, p. 1-7, 2003.

STICKLAND, M. K.; MORGAN, B. J.; DEMPSEY, J. A. Carotid chemoreceptor modulation of sympathetic vasoconstrictor outflow during exercise in healthy humans. *J. Physiol.,* 15, 586(6), p. 1743-54, mar. 2008.

STRATTON, E.; O'BRIEN, B. J.; HARVEY, J.; BLITVICH, J.; MCNICOL, A. J.; JANISSEN, D., PATON, C.; KNEZ, W. Treadmill velocity best predicts 5000-m run performance. *Int. J. Sports Med.,* 30(1), p. 40-45, jan. 2009.

SVEDAHL, K.; MACINTOSH, B. R. Anaerobic threshold: the concept and methods of measurement. *Canadian Journal of Applied Physiology,* Champaign, v. 28, n. 2, p. 299-323, 2003.